コーチと入試対策！ **10**日間 完成

中学3年間の総仕上げ
社会

JN022188

◀ **この本のコーチ**
・ハプニングにも動じない。
・帽子のコレクション多数。
・日々の散歩は欠かせない。

付録
● **入試チャレンジテスト**
　「解答と解説」の前についている冊子
● **応援日めくり**

ある日の
○△中学校
の校庭

ダン
ダン
ダン

ねぇねぇ,
受験勉強してる？

う～ん...

中間や期末のテスト勉強はしてきたけど
もう昔やったテスト範囲のことは
覚えてないかも

目の前の
テストがおわると
気がぬけるよね...。

わかる

マッピ
チェック
よし！

ぼくたち
受験生としては
ちょっとヤバいかもね

チューニング
OK

ギュ

わかってる～
けど～

ピュー

まてぇ

プププ
どうしたら
プププ
よいのかね

わー
うまい
うまいっ!!

あっ

高校入試は～
まさに
ブルースぅ～

あはっ

ふかないで
うたっちゃってる...!

Point ①

要点 を確認しよう で 最重要事項を確認！

攻略のキーワードで重要ポイントをサクッとチェック！

ヒントやアドバイスもついてるぞ！

解き終わってから見直すと **単元のまとめ** になってる！

キーワードから選ぶんだね！

Point ②

問題 を解こう で 実力チェック！

ゴクリ

時間をはかって100点満点のテストにチャレンジ！

1日4ページ×10日間ですっきり頭に入るしくみだよ！

あの～

えっへん

答え合わせをするときに，字が多くて何が何だかめんどうなことがあるんだけど…。

わかる！

問題集あるあるだね！

Point ③

みやすい！くわしい！解答解説‼

問題に答えがかいてある！

こっ…ここには解説つっ

ぐわっ

Point ④

点数を記録して弱点を発見！

ふりかえりシートもあるよ！

10日間ふりかえりシ

Point⑤
まだまだ！巻末には
入試チャレンジテスト！

解答用紙もついてる！

入試当日をイメージ
して本番っぽくやって
みようかな！

Point⑥
日めくり
もあるよ！

コトリ
...

エー
カワイイ♡

眺めるだけで楽しく覚えられそう〜

おぉっ

ウラにも
何かある...!?

ウラ面も
見てみてね！

なかみもいいし
付録もいい！

これなら
できそうな
気がしてきたー

ヨカッタ
ヨカッタ

合格めざして
いっしょに
がんばろうね！

おさらい

1日4ページ

もういちどチェック！
「テーマ別のまとめ」

⟵ 1日目〜10日目 ⟶

要点 を確認しよう

問題 を解こう

その日のうちに

「応援日めくり」

模擬テスト
「入試チャレンジ
テスト」

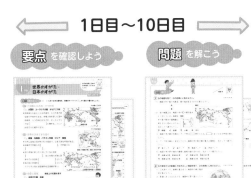

「ふりかえりシート」

世界のすがた・日本のすがた

まずは世界と日本の全体像をつかみましょう。

解答 > p.2〜3

要点 を確認しよう 〔　〕にあてはまる語句を，攻略のキーワード🔑から選んで書きましょう。

1-1 六大陸と三大洋　六つの州

🔑 大西洋　ユーラシア大陸　オセアニア州

- 地球は**六大陸**と**三大洋**のほか，大小さまざまな島々や海からなる。南極大陸を除いた国や地域は，六つの州に区分され，オーストラリアは〔③　　　　　　　　〕に属する。**アジア州**はさらに細かく区分。

六大陸と三大洋

1-2 世界のさまざまな国々

🔑 島国　内陸国　バチカン市国　ロシア　国境

- 世界には独立国が約 190 か国あり，さまざまな特徴がある。
- 面積が世界最大の〔④　　　　　　　〕，世界最小の〔⑤　　　　　　　〕。
- 国土が海にまったく面していない国を〔⑥　　　　　　　〕，国土の周りが海に囲まれている国を〔⑦　　　　　　　〕という。
- 国と国との境を〔⑧　　　　　　　〕という。アフリカ大陸には直線的な国境線が多い。

アジア州の区分

島国と内陸国の例，赤道と本初子午線

1-3 緯度と経度　　地球上の位置を表す

🔑 本初子午線　赤道

- **緯度**は 0 度の緯線の〔⑨　　　　　　　〕を基準に，南北を 90 度ずつ分けたもの。**経度**は 0 度の経線の〔⑩　　　　　　　〕を基準に，東西を 180 度ずつに分けたもの。

緯度は北緯と南緯，経度は東経と西経というよ。

1-4 地球のすがたの表しかた

🔑 球体　地球儀

- 地球をほぼそのまま縮小した模型が〔⑪　　　　　　　〕。
- 地球はほぼ〔⑫　　　　　　　〕のため，平面の地図で面積や方位，距離などすべてを同時に表すことができない。

中心からの距離と方位が正しい地図

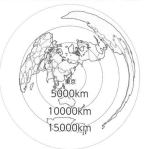

2-1 日本の位置　日本と世界の時差

🔑 135　1

- 日本は北緯20〜46度, 東経122〜154度, ユーラシア大陸の東に位置する。
- 時差は経度15度ごとに〔⑬　　　　　〕時間生じる。求め方は経度の差÷15。
- 日本の標準時子午線は兵庫県明石市を通る東経〔⑭　　　　　〕度の経線。

主な都市の時刻

日付変更線を東経（日本のほう）から西経（アメリカのほう）に越えるときは、日付を1日遅らせます。

2-2 日本の領域

🔑 竹島（たけしま）　領空　北方領土（ほっぽうりょうど）　排他的経済水域

- 国の領域は, 領土, 領海, 〔⑮　　　　　〕からなる。
- 領海の外側には, その水域内の水産資源や鉱産資源が沿岸国のものとなる〔⑯　　　　　〕が広がる。
- 日本は, ロシアと〔⑰　　　　　〕を, 韓国と〔⑱　　　　　〕をめぐる問題がある。

日本の排他的経済水域

2-3 日本の都道府県, 地方区分

🔑 県庁所在地　関東　中国・四国

- 日本は, 1都, 1道, 2府, 43県の47都道府県からなる。
- 各都道府県は七つの地方のいずれかに位置する。
- 都道府県庁が置かれている都市を〔⑲　　　　　〕といい, 県名と⑲名が異なる場合もある。

日本は離島が多いことから、排他的経済水域が国土面積の10倍以上あるよ。

都道府県名と都道府県庁所在地名

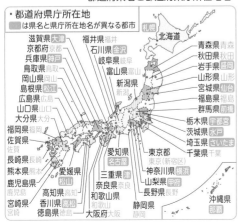

・都道府県庁所在地
　は県名と県庁所在地名が異なる都市

7地方区分

ここで学んだ内容を次で確かめよう！

問題を解こう

100点 30分

1 右の地図を見て，次の各問いに答えなさい。

5点×6（30点）

(1) 地図1中の**A**の大陸名，**B**の海洋名をそれぞれ答えなさい。

A （　　　　　　　　　　　）

B （　　　　　　　　　　　）

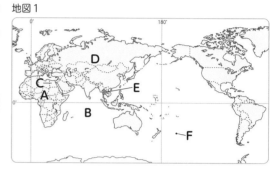

地図1

(2) 右の地図2は，地図1中の**C**の国を拡大して示している。地図2中の**X**の部分の国境線は何をもとに定められたか。次から1つ選びなさい。

地図2

ア 緯線　　**イ** 経線　　**ウ** 山脈　　**エ** 河川　　　　　（　　　　）

(3) 地図1中の**D**の大陸は，アジア州と◯◯◯州からなる。◯◯◯にあてはまる州名を答えなさい。

（　　　　　　　　　）

(4) アジア州を細かく区分したとき，地図1中の**E**の国が属する地域を，次から1つ選びなさい。

（　　　　　）

ア 東アジア　　**イ** 南アジア　　**ウ** 東南アジア　　**エ** 中央アジア

(5) 地図1中の**F**の地点の緯度と経度の組み合わせを，次から1つ選びなさい。（　　　　）

ア 北緯40度，東経60度　　　　　**イ** 北緯40度，西経160度

ウ 南緯40度，東経60度　　　　　**エ** 南緯40度，西経160度

2 右の東京からの距離と方位が正しい地図を見て，次の各問いに答えなさい。

5点×5（25点）

(1) 三大洋のうち，面積が最も大きい地図中の**A**の海洋名を答えなさい。

（　　　　　　　　　）

(2) 赤道にあてはまるものを，地図中の**ア〜エ**から1つ選びなさい。

（　　　　）

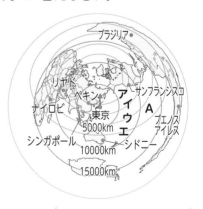

(3) 地図中の東京からみてシンガポールはどの方位に位置しているか。八方位で答えなさい。

（　　　　　　　　　）

(4) 地図中に示した都市のうち，東京から10000km以上離れている都市はいくつあるか。数字で答えなさい。

（　　　　　　つ）

(5) 地図中の東京から↑の方向に真っ直ぐ進み，1周して再び東京に戻ってくるとしたとき，2番目に通過する大陸を何といいますか。

（　　　　　　　　　）

②(2)赤道はシンガポールの付近やアフリカ大陸
中部などを通ります。
③(2)東京とパリの経度の差は 135 − 15＝120 度
です。

3 右の地図を見て，次の各問いに答えなさい。

5点×3，⑷は10点(25点)

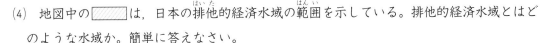

(1) 日本と同経度に国土の大部分が位置する国を，
次から１つ選びなさい。　　　　　　　　（　　　　）

　ア オーストラリア　　**イ** トルコ

　ウ スペイン　　　　　**エ** イラン

(2) 地図中の東京と，パリの時差は何時間か。数字
で答えなさい。なお，東京は東経135度の経線，
パリは東経15度の経線を標準時子午線としてお
り，サマータイムは考えないものとします。

　　　　　　　　　　　　　　（　　　　時間）

(3) 地図中の**A**で示した日本最北端の島を，次から
１つ選びなさい。　　　　　　　　　　　（　　　　）

　ア 与那国島　　**イ** 択捉島　　**ウ** 沖ノ鳥島　　**エ** 南鳥島

(4) 地図中の▨▨▨は，日本の排他的経済水域の範囲を示している。排他的経済水域とはど
のような水域か。簡単に答えなさい。

（　　　　　　　　　　　　　　　　　　　　　　　　　　　　　　　　　　）

4 右の地図を見て，次の各問いに答えなさい。

4点×5(20点)

(1) 地図中の宮城県の県庁所在地名を答えなさい。

（　　　　　　　　　）

(2) 地図中の**A**の地方や**A**の地方の県について述べ
た文として正しいものを，次から１つ選びなさい。

（　　　　　　）

　ア 東北地方の３県と県境を接している。

　イ 富山県は関東地方の都県と県境を接している。

　ウ 長野県は県名と県庁所在地名が異なっている。

　エ 静岡県と愛知県は太平洋に面している。

(3) 地図中の**B**の地方名を答えなさい。

（　　　　　　　　　）

(4) 地図中の▨▨▨の県名に共通して使われている漢字１字を答えなさい。　（　　　　）

(5) 広島県の位置を，地図中の**ア**〜**エ**から１つ選びなさい。　（　　　　）

世界の主な自然環境や産業，文化を理解しましょう。

2日目 世界の生活と環境・世界の諸地域

解答 > p.4 ～ 5

要点 を確認しよう　　〔　〕にあてはまる語句を，攻略のキーワード🔑から選んで書きましょう。

① 世界の人々の生活と環境，文化

🔑 **遊牧　イスラム教　熱帯　タイガ**

- **寒帯**の地域…イヌイットが暮らす。
- **亜寒帯（冷帯）**…冬の寒さが厳しい。
  〔① 　　　　　　　　　〕という針葉樹林が広がる。
- **温帯**…温暖で四季がある。
- **乾燥帯**…雨がほとんど降らない。日干しれんがの住居。〔② 　　　　　　　　　〕が行われる。
- 〔③ 　　　　　　　　　〕…一年中高温で多雨。湿気を防ぎ風通しの良い高床の住居に住む。
- **三大宗教**…**キリスト教**，〔④ 　　　　　　　〕，**仏教**の3つ。インドで**ヒンドゥー教**を信仰。

五つの気候帯分布図

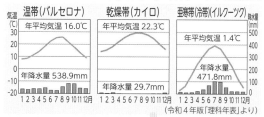

(2015年版「ディルケ世界地図」ほかより)

バルセロナ，カイロ，イルクーツクの雨温図

温帯（バルセロナ）年平均気温 16.0℃ 年降水量 538.9mm	乾燥帯（カイロ）年平均気温 22.3℃ 年降水量 29.7mm	亜寒帯（冷帯）（イルクーツク）年平均気温 1.4℃ 年降水量 471.8mm

(令和4年版「理科年表」より)

② アジア州 ──────人口が多い

🔑 **経済特区　季節風　プランテーション　ASEAN**

- **自然**…東部や南部は〔⑤ 　　　　　　　〕の**影響**大。
- **農業**…雨の多い地域で**稲作**。東南アジアで**二期作**，〔⑥ 　　　　　　　〕でアブラヤシなどを**栽培**。
- **工業**…中国は沿岸部に〔⑦ 　　　　　　　〕を設置。インドで**情報通信技術（ICT）産業**。西アジアで石油（原油）の産出が多い。
- **結びつき**…東南アジアが〔⑧ 　　　　　　　〕を結成。

亜寒帯に属するイルクーツクは，夏と冬の気温差が大きいね。

アジア州の主な自然環境

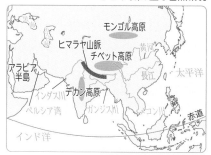

③ ヨーロッパ州 ──────EU（ヨーロッパ連合）の結びつき

🔑 **EU　フィヨルド　偏西風**

- **自然**…西部は暖流の**北大西洋海流**と〔⑨ 　　　　　　　〕で温暖。スカンディナビア半島西部に氷河に削られた〔⑩ 　　　　　　　〕。
- **農業**…地中海沿岸で夏にオリーブやぶどう，冬に小麦，フランス，ドイツで穀物の栽培。北部で**酪農**や**牧畜**。
- 複数国で航空機を共同生産。近年，先端技術産業が発達。

フィヨルド

- 結びつき…EC →〔⑪　　　　　　　　　〕が発足。ユーロ導入。

ナイジェリアの輸出額の割合

その他 7.8

石油 82.3%	

液化天然ガス 9.9

(2018年)　(2021/22年版「世界国勢図会」より)

④ アフリカ州

🔑 **サハラ砂漠　カカオ　モノカルチャー経済**

- 自然…ナイル川。北部に〔⑫　　　　　　　　　〕が広がる。
- 歴史・文化…かつてヨーロッパの植民地。イスラム教。
- 産業…**プランテーション**で〔⑬　　　　　　　　　　〕を栽培。**レアメタル**が豊富。特定の作物や資源の輸出に依存する〔⑭　　　　　　　　〕の国が多い。

ナイジェリアは石油の輸出が多いから石油価格の上下の影響が大きいです。

⑤ 北アメリカ州

🔑 **ヒスパニック　適地適作　シリコンバレー**

- 自然…西部にロッキー山脈，中部にミシシッピ川。カリブ海で夏に**ハリケーン**が発生。
- 人種・民族…移民が多い。近年，メキシコなどからのスペイン語を話す〔⑮　　　　　　　　〕が増加。
- 産業…地域の自然環境に合った作物を栽培する〔⑯　　　　　　　　〕。北緯 37 度以南の**サンベルト**で工業が発達。サンフランシスコ郊外の〔⑰　　　　　　　　〕で情報通信技術（ICT）産業。

北アメリカの農業地域

□ 小麦	▨ 酪農	● 大規模肥育場
▨ とうもろこし・大豆	▨ 綿花	□ 放牧
	▨ 地中海式農業	▨ その他の農業

およそ西経 100 度の経線より西では雨が少なく放牧がさかんだね。

⑥ 南アメリカ州　------開発と自然保護

🔑 **バイオ燃料　アマゾン川**

- 自然…〔⑱　　　　　　　　〕の流域に**熱帯雨林**。
- 歴史…かつてスペインやポルトガルの植民地。
- 産業…ブラジルでかつて**焼畑農業**，コーヒー豆の栽培。現在，燃料として〔⑲　　　　　　　　〕の生産がさかん。
- 開発と環境保全…熱帯雨林を伐採し，農地の開拓が進む。

ブラジルの輸出品の変化

鉄鉱石 7.7　綿花 5.8

1970年 27億ドル	コーヒー豆 35.9%			その他 45.7

砂糖 4.9

鉄鉱石　機械類 7.2

2019年 2254億ドル	大豆 11.6%	原油 10.7	10.1	その他 53.2

肉類 7.2

(2021/22年版「世界国勢図会」ほかより)

⑦ オセアニア州

🔑 **アボリジニ　サンゴ礁**

- 自然…火山島や〔⑳　　　　　　　　〕でできた島々。
- 歴史…オーストラリアの先住民〔㉑　　　　　　　　〕が生活→イギリスの植民地→**白豪主義**から**多文化社会**へ。
- 産業…鉱産資源が豊富。羊・牛の放牧。

オーストラリアの貿易相手国の変化

西ドイツ 4.4　ニュージーランド 3.8

1965年 合計 63億ドル	イギリス 22.1%	アメリカ合衆国 17.3	日本 12.9	その他 39.5

アメリカ合衆国　インド 3.4

2018年 合計 4883億ドル	中国 29.8%	日本 12.0	7.0	その他 42.1

韓国 5.7

(UN Comtradeより)

ここで学んだ内容を次で確かめよう！

11

問題 を解こう

100点

30分

1 右の地図を見て、次の各問いに答えなさい。

6点×4（24点）

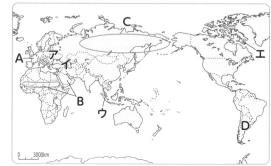

(1) 右のグラフにあてはまる都市を、地図中の**ア〜エ**から1つ選びなさい。

（　　　　　　）

年平均気温 16.6℃
年降水量 538.9mm
（令和4年版「理科年表」ほかより）

(2) 地図中の**A**や**D**の国の国民の大半が信仰している宗教名を答えなさい。

（　　　　　　）

(3) 地図中の**B**の地域では、わき出る地下水などによって水を得やすい場所がある。このような場所の名称をカタカナで答えなさい。

（　　　　　　）

(4) 世界の5つの気候帯のうち、地図中の**C**の地域が属する気候帯名を答えなさい。

（　　　　　　）

2 右の地図を見て、次の各問いに答えなさい。

(5)は6点、他4点×5（26点）

(1) 右の表は、世界の総人口とアジア州の人口を示している。世界の総人口に占めるアジア州の人口の割合は約何%か。答えなさい。

	人口（億人）
世界	78
アジア州	46

（2020年）
（2020/21年版「世界国勢図会」）

（約　　　　　%）

(2) 地図中の**A**の国が面しているペルシア湾で最も産出がさかんな鉱産資源を答えなさい。

（　　　　　　）

(3) 地図中の**B**の山脈名、**C**の河川名をそれぞれ答えなさい。

B（　　　　　　）　C（　　　　　　）

(4) 地図中の**D**の流域でさかんな農業を、次から1つ選びなさい。

（　　　　　　）

ア 畑作　　**イ** 稲作　　**ウ** 牧畜

(5) 右のグラフは、地図中の**E**の国の輸出品の変化を示している。**E**の国の輸出品に見られる変化の特色を、「中心」の語句を用いて簡単に答えなさい。

（　　　　　　）

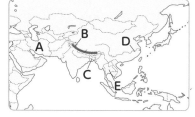

	天然ゴム				機械類 6.0	
1980年 65億ドル	米 14.7%	野菜 11.5	9.3	8.5		その他 50.0

すず

	自動車		プラスチック 4.6	
2019年 2337億ドル	機械類 29.1%	11.2		その他 48.3

金（非貨幣用）3.4　ゴム製品 3.4

（2021/22年版「世界国勢図会」ほかより）

①(1)夏の降水量が少ないことに着目します。
④(1)▲はＡの国の西部，ブラジルなど，□はＡの国の東部やＢの国に分布しています。

3 右の地図を見て，次の各問いに答えなさい。

(3)は完答，(5)は5点，4点×5 (25点)

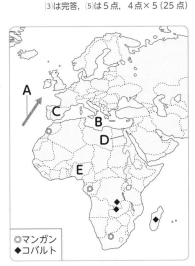

(1) 地図中の**A**の暖流名を答えなさい。

（　　　　　　　　　）

(2) 地図中の**B**の海の沿岸で夏に栽培(さいばい)がさかんな農作物を，次から１つ選びなさい。　　　　　　　（　　　　　）

  ア カカオ　**イ** 小麦　**ウ** ぶどう　**エ** 米

(3) 地図中の**C**の国が加盟する EU では，　**X**　ヨーロッパ諸国より　**Y**　ヨーロッパ諸国の方が一人あたりの国民総所得が高い傾向(けいこう)にあり，加盟国間の経済格差が課題である。**X**・**Y**にあてはまる四方位を答えなさい。

           X（　　　　　）　Y（　　　　　）

◎マンガン
◆コバルト

(4) 地図中の**D**の河川名を答えなさい。　　　（　　　　　　　）

(5) 地図中の**E**の国で見られるモノカルチャー経済とはどのような経済か。「依存」の語句を用いて簡単に答えなさい。

（　　　　　　　　　　　　　　　　　　　　　　　　　　）

(6) 地図中のマンガンやコバルトのように，世界的に埋蔵(まいぞう)量が非常に少なく，経済的・技術的に採掘(さいくつ)が困難な金属をまとめて何といいますか。

（　　　　　　　　　）

4 右の地図を見て，次の各問いに答えなさい。

5点×5 (25点)

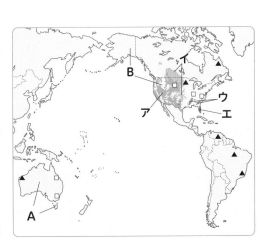

(1) 地図中の**▲**，□で産出される鉱産資源を，次からそれぞれ選びなさい。

    ▲（　　　　　）　□（　　　　　）

  ア 鉄鉱石　**イ** 石油　**ウ** 銅　**エ** 石炭

(2) 地図中の**A**の国の貿易相手国の割合を示した右下のグラフ中の**X**にあてはまる国名を答えなさい。　　　（　　　　　　　）

(3) 地図中の**B**の国の北緯(ほくい) 37 度以南の工業が発達している地域を何といいますか。

（　　　　　　　　　）

(4) 小麦の栽培がさかんな地域を地図中の**ア～エ**から１つ選びなさい。　　　　　　（　　　　　）

Aの貿易相手国

	アメリカ合衆国				インド 3.4	
2018年 合計 4883億ドル	X 29.8%	日本 12.0	7.0		その他 42.1	
			韓国 5.7			

(UN Comtradeより)

3日目 日本の特色・日本の地方

日本の主な自然環境や産業，文化を理解しよう。

解答 > p.6 ~ 7

要点を確認しよう ━━━ 〔　〕にあてはまる語句を，攻略のキーワード🔑から選んで書きましょう。

❶ 日本の自然環境 ━━━━山地が多い

🔑 **扇状地　温暖湿潤気候**
　　ハザードマップ　親潮

日本の環境

- 日本の地形…国土の約4分の3が山地。盆地周辺に〔① 　　　　　　〕，河口付近に**三角州**。周辺に暖流の**黒潮（日本海流）**，寒流の〔② 　　　　　　〕（**千島海流**）など。

- 日本の気候…ほとんどが温帯の〔③ 　　　　　　〕。**季節風（モンスーン）** の影響で太平洋側では夏に，日本海側では冬に降水量が多い。

- 日本は地震や津波，台風など自然災害が多い→県や市（区）町村が〔④ 　　　　　　〕を作成。

日本アルプスの東には，フォッサマグナという大きな溝状の地形があるよ。

❷ 日本の人口 ━━━━少子高齢化が進む

🔑 **過密　人口ピラミッド　少子高齢**

- 世界の人口…約78億人。アジア・アフリカの途上国で人口急増。

- 日本の人口…〔⑤ 　　　　　　〕が富士山型→つりがね型→つぼ型へと変化。〔⑥ 　　　　　　〕**社会**で社会保障費が増大。

- 三大都市圏は人口が過度に集中する〔⑦ 　　　　　　〕地域。山間部や離島は地域社会の維持が困難な**過疎**地域。

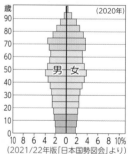

日本の人口ピラミッド

(2020年)

男　女

10 8 6 4 2 0 2 4 6 8 10%
(2021/22年版「日本国勢図会」より)

❸ 日本の資源，エネルギー　産業　交通

🔑 **再生可能エネルギー　海上　石油　太平洋ベルト**
　　産業の空洞化

- 資源・エネルギー…ペルシア湾岸で〔⑧ 　　　　　　〕，中国で石炭。日本は火力発電中心。〔⑨ 　　　　　　〕の利用を促進。

- 日本の産業…東北，北陸などで稲作。原料の輸入と製品の輸出に便利な臨海部に工業地帯・地域が発達し，〔⑩ 　　　　　　〕を形成。近年海外に工場が移転→産業が衰退する〔⑪ 　　　　　　〕が問題。

- 〔⑫ 　　　　　　〕輸送…自動車，石油などを輸送。

- 航空輸送…集積回路（**IC**）などの高価な品物や生鮮品などを輸送。

産業は大きく農業などの第一次産業，工業などの第二次産業，サービス業などの第三次産業に分類できます。

④ 九州地方，中国・四国地方，近畿地方

🔑 カルデラ　促成栽培（そくせいさいばい）　琵琶湖（びわこ）

　　石油化学コンビナート　町おこし

九州～近畿地方の自然

- 九州…阿蘇山（あそさん）に火山の噴火（ふんか）でできた〔⑬　　　　　　　〕，南部に火山灰が堆積（かざんばい たいせき）した**シラス台地**が広がる。
- 中国・四国…少雨の瀬戸内（せとうち）は古くからため池を造成。
- 近畿…滋賀県に日本最大の〔⑭　　　　　　　　〕。

北九州工業地域，瀬戸内工業地域，
阪神工業地帯の工業別割合

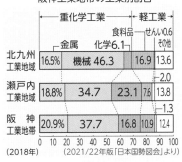

	重化学工業				軽工業	
	金属	機械	化学6.1	食料品	せんい0.6	その他
北九州工業地域	16.5%	46.3		16.9		13.6
瀬戸内工業地域	18.8%	34.7		23.1	7.6 / 2.0	13.8
阪神工業地帯	20.9%	37.7		16.8	10.9 / 1.3	12.4

0 10 20 30 40 50 60 70 80 90 100
(2018年)　(2021/22年版「日本国勢図会」より)

九州～近畿地方の産業

- 九州…宮崎平野で出荷時期を早める〔⑮　　　　　　　　　　〕，南部で畜産。北九州市に**北九州工業地域，エコタウン**が形成。
- 中国・四国…倉敷市水島（くらしき みずしま）などに〔⑯　　　　　　　　　〕が建設され，**瀬戸内工業地域**が形成される。

　本州四国連絡橋の開通で時間距離（きょり たんしゅく）が短縮→四国の商店街が衰退（すいたい）。過疎地域では〔⑰　　　　　　　　〕で人々をよび込む。

- 近畿…大阪湾岸（はんしん）に**阪神工業地帯**。東大阪市などに中小工場が多い。

各工業地帯（地域）で割合の高い工業に着目しましょう。

⑤ 中部地方，関東地方，東北地方，北海道地方

🔑 近郊農業（きんこう）　リアス海岸（とうかい）　東海工業地域　酪農（らくのう）

中部～北海道地方の自然

- 中部…**日本アルプス**が連なる。濃尾平野（のうび）に**輪中**（わじゅう）。
- 関東…**関東ローム**に覆われた関東平野。
- 東北…〔⑱　　　　　　　　〕の**三陸海岸**（さんりく）。太平洋側で**冷害**（れいがい）。
- 北海道…**梅雨**（つゆ）がない。東部は夏でも低温で**濃霧**（のうむ）が発生。

りんご，もも，ぶどうの主産地

	岩手6.5		
りんご 計70万t	青森58.4%	長野18.2	その他16.9

	長野11.1		
もも 計11万t	山梨28.5%	福島25.0	その他35.4

	山形9.5		
ぶどう 計17万t	山梨21.4%	長野18.4	その他50.7

(2019年)　(2021年版「データでみる県勢」より)

中部～北海道地方の産業

- 中部…北陸で稲作（いなさく），**地場産業**（じば）（**伝統産業**）。中央高地で果樹栽培，**抑制栽培**（よくせい）。東海は静岡県で茶・みかん，渥美半島（あつみ）で**電照菊**（でんしょうぎく）の栽培，**中京工業地帯**（ちゅうきょう），〔⑲　　　　　　　　〕で機械工業が発達。
- 関東…大都市周辺で〔⑳　　　　　　　〕，群馬県嬬恋村（つまごい）で**抑制栽培**。東京中心部に**京浜工業地帯**（けいひん），**京葉工業地域**（けいよう），内陸型の**北関東工業地域**。人やモノの集中→都市機能の分散化の動き。
- 東北…稲作地帯。果樹栽培。**伝統的工芸品**の生産。
- 北海道…**石狩平野**（いしかり）で客土（きゃくど）→稲作地帯。**十勝平野**（とかち）で畑作，**根釧台地**（こんせん）で〔㉑　　　　　　　　〕が発達。

秋田竿燈（かんとう）まつり

青森ねぶた祭，秋田竿燈（かんとう せんだいたなばた）まつり，仙台七夕まつりは東北三大祭だよ。

ここで学んだ内容を次で確かめよう！

15

問題 を解こう

/ **100点** 30分

1 右の地図を見て，次の各問いに答えなさい。

5点×4 (20点)

(1) 右のグラフは，地図中の**ア～エ**の
いずれかの都市の気温と降水量を示
している。あてはまる都市を1つ選
びなさい。　　　　　　（　　　）

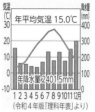

(2) 地図中の**A**は，標高3000m級の
山々が連なる3つの山脈を示している。これら3つの
山脈はまとめて何とよばれていますか。

（　　　　　　）

(3) 地図中の**B**の都市は，河川によって運ばれてきた土砂（どしゃ）が河口付近に堆積（たいせき）してできた地形
の上に形成されている。このような地形を何といいますか。　　（　　　　　　）

(4) 地震（じしん）や津波（つなみ）などの災害に備えて地方公共団体が作成している，災害の被害予測や避難（ひなん）場
所などを示した地図を何といいますか。

（　　　　　　）

2 次の各問いに答えなさい。

5点×3 (15点)

(1) 右の日本の人口ピラミッドがあてはまる年代を，次から1つ選
びなさい。　　　　　　　　　　　　　　　　　　（　　　）

　ア 1935年　　**イ** 1960年　　**ウ** 2020年

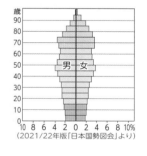

(2) 2020年における日本の総人口は約1億2600万人，国土面積が
約38万㎢であるとき，日本の人口密度は約何人/㎢か。小数点
第一位を四捨五入して数字で答えなさい。

（約　　　　　　人/㎢）

(3) 過密地域で起こりやすい問題として適切でないものを，次から1つ選びなさい。

　ア 交通渋滞（じゅうたい）　　**イ** 土地の価格の上昇（じょうしょう）　　**ウ** 鉄道やバス路線の廃止（はいし）　（　　　）

3 次の各問いに答えなさい。

(1)は完答，(1)は7点，(2)は8点(15点)

(1) 右のグラフは，日本の発電方法別発電量の割合を示している。火力発電と原子力発電に
あてはまるものをそれぞれ選びなさい。

　　　　火力（　　　）　　原子力（　　　）

計9708億kWh	**X** 81.7%	**Y** 8.9	**Z** 6.3

その他 3.1

(2019年)　(2021/22年版「日本国勢図会」より)

(2) 日本の工業地帯や工業地域が臨海部に集中している
理由を，「原料」「工業製品」の語句を用いて簡単に答えなさい。

（　　　　　　　　　　　　　　）

③(2)たとえば，工業の原料となる石炭や鉄鉱石は，日本へは船によって輸入されています。
④(1)Aの県は宮崎県です。

4 右の地図を見て，次の各問いに答えなさい。

6点×3（18点）

(1) 地図中の**A**の県について述べた文を，次から1つ選びなさい。 （　　　）

ア 明治時代に八幡製鉄所が建設された。
イ 有明海でのりの養殖がさかんである。
ウ 温泉の源泉数が多い。
エ 野菜の促成栽培がさかんである。

(2) 本州四国連絡橋の1つである地図中の**B**の瀬戸大橋で結ばれている県の組み合わせを，次から1つ選びなさい。 （　　　）

ア 広島県・愛媛県　　イ 広島県・高知県
ウ 岡山県・徳島県　　エ 岡山県・香川県

(3) 地図中の**C**の工業地帯を何といいますか。 （　　　　　　　）

5 右の地図を見て，次の各問いに答えなさい。

(2)は8点，他6点×4（32点）

(1) ①メガネフレームの生産が地場産業の県，②竿燈まつりが行われている県を，地図中の**ア〜オ**から1つずつ選びなさい。

①（　　　）②（　　　）

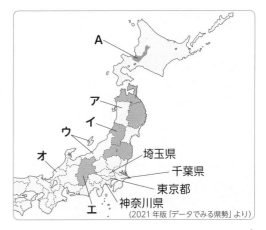

(2021年版「データでみる県勢」より)

(2) 右の表は，地図中の埼玉県，千葉県，東京都，神奈川県の昼間人口と夜間人口を示している。東京都の昼間人口が夜間人口より多い理由を，「通勤・通学者」の語句を用いて簡単に答えなさい。

（　　　　　　　　　　　　　　　　）

(3) 地図中の████は，ある農作物の収穫量の多い上位5県を示している。この農作物は何か，次から1つ選びなさい。 （　　　）

ア りんご　イ なす　ウ レタス

(4) 日本有数の稲作地帯となっている地図中の**A**の平野名を答えなさい。 （　　　　　　　）

	昼間人口（千人）	夜間人口（千人）
埼玉県	6456	7267
千葉県	5582	6223
東京都	15920	13515
神奈川県	8323	9126

(2015年)
(2022年版「データでみる県勢」)

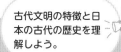
古代文明の特徴と日本の古代の歴史を理解しよう。

解答 > p.8 〜 9

要点 を確認しよう 〔 〕にあてはまる語句を，攻略のキーワード 🔑 から選んで書きましょう。

❶ 古代文明のおこり ──四つの古代文明

🔑 **メソポタミア 象形 シルクロード**

- 人類は**猿人→原人→新人**の順に進化した。
- 〔① 〕文明…**くさび形文字**，**太陰暦**を発明。
- **エジプト文明**…〔② 〕**文字**，**太陽暦**を発明。
- **インダス文明**…**モヘンジョ・ダロ**遺跡。
- **中国文明**…**黄河**流域に**殷**がおこる。**甲骨文字**を発明。
  →**春秋・戦国時代**に**孔子**が**儒教**（**儒学**）を説く→**秦の始皇帝**が中国を
  統一。**万里の長城**を築城→**漢**の時代に〔③ 〕が開かれ，
  西方との間で交易。

古代文明の発祥地

（地図）
メソポタミア文明 インダス文明 中国文明
バビロン 黄河
モヘンジョ・ダロ
エジプト文明
古代文明のおおよその範囲

収穫した稲の穂を貯蔵したよ。

❷ 日本のあけぼの ──「くに」ができる

🔑 **大和政権 邪馬台国 たて穴 打製**

- **旧石器時代**…〔④ 〕**石器**を使用。狩り・採集の生活。
- **縄文時代**…**磨製石器**を使用した**新石器時代**。〔⑤ 〕
  住居に住み，**縄文土器**，**土偶**を使用。**貝塚**ができる。
- **弥生時代**…紀元前4世紀ごろに大陸から**稲作**や**金属器**が伝わる。
  むらから小さな**くに**が誕生→1世紀半ば，**倭の奴国**の王が**漢**に使い
  を送る。3世紀，〔⑥ 〕の**卑弥呼**が**魏**に使いを送る。
- **古墳時代**…**前方後円墳**などを築造。奈良盆地に〔⑦ 〕
  が誕生→5世紀に東北南部から九州までを支配。
- **渡来人**が日本に移住…**須恵器**の製法，**漢字**，**仏教**などが伝わる。

高床倉庫

法隆寺など聖徳太子の時代の文化は**飛鳥文化**というよ。

❸-1 聖徳太子（厩戸皇子）の政治 大化の改新

🔑 **壬申の乱 中大兄皇子 冠位十二階**

- **聖徳太子**の政策…〔⑧ 〕の制度で有能な人材を役人
  に登用。役人の心構えを**十七条の憲法**で示す。**遣隋使**を派遣。
- **大化の改新**…〔⑨ 〕や**中臣鎌足**らが**蘇我氏**を倒す。
- **白村江の戦い**で**唐・新羅**に敗北→西日本に**山城**，**大宰府**に**水城**。
- **天智天皇**の死後に〔⑩ 〕→**天武天皇**が即位。

法隆寺

START ——————————— GOAL

3-2 律令国家のしくみ ——— 法律にしたがった政治

🗝 墾田永年私財法 聖武 租

政治の中心は天皇→貴族→上皇→武士へと移り変わります。

- 701年に**大宝律令**を制定，710年に**平城京**に都を移す→奈良時代。
- **班田収授法**…戸籍をもとに人々に**口分田**を与え，死後に国に返す。
- 〔⑪　　　　　　　〕…新たな開墾地の永久私有を認める。
- 〔⑫　　　　　〕**天皇**…仏教の力で国を守るため，国ごとに国分寺・国分尼寺，都に東大寺を建立。**天平文化**が栄える。

律令制下の主な税

〔⑬　　〕	稲の約3％
庸	布（麻布）
調	地方の特産物

4-1 摂関政治 ——— 天皇と貴族による政治

🗝 真言 摂関政治 遣唐使

- 794年に桓武天皇が**平安京**に都を移す→平安時代。
- **坂上田村麻呂**が征夷大将軍に任命され，東北地方の蝦夷を平定。
- **最澄**が**天台宗**，空海が〔⑭　　　　　〕宗を広める。
- 唐の衰退→菅原道真の提案で〔⑮　　　　　　　〕の停止。
- 藤原氏の政治…娘を天皇のきさきにし，生まれた子を次の天皇に立て勢力を拡大。**藤原道長**・頼通のころ〔⑯　　　　　　〕が最盛期。
- **国風文化**…唐の文化をふまえた，日本の風土に合った文化。
- 11世紀に**浄土信仰**（浄土の教え）が普及。宇治に平等院鳳凰堂。

国風文化の文学

紫式部	「源氏物語」
清少納言	「枕草子」
紀貫之ら	「古今和歌集」

仮名文字が使われたよ。

4-2 院政と武士の成長 ——— 力をつけはじめる武士

🗝 平清盛 院政

- **白河上皇**が〔⑰　　　　　　〕を開始。保元の乱・平治の乱後，武士の〔⑱　　　　　〕が太政大臣となり，平氏の政治が始まる。

鎌倉幕府のしくみ

5 鎌倉時代の始まり 鎌倉文化 ——— 鎌倉で武士の政治が始まる

🗝 奉公 守護 御成敗式目 浄土真 承久

- 平氏が壇ノ浦の戦いで滅びると，**源頼朝**は国ごとに〔⑲　　　　　〕，荘園や公領ごとに**地頭**を設置→鎌倉幕府を開く。征夷大将軍に任命される。
- 将軍と**御家人**は御恩と〔⑳　　　　　　〕の関係を結ぶ。
- 北条氏が執権の地位につき，**執権政治**を行う。
- 1221年の〔㉑　　　　　　〕の乱の後，幕府は朝廷を監視するため京都に**六波羅探題**を設置。
- 1232年に北条泰時が〔㉒　　　　　　〕を制定。
- 鎌倉文化…**金剛力士像**。「**平家物語**」，「**徒然草**」など。

鎌倉時代の主な仏教

浄土宗	法然
〔㉓　　〕宗	親鸞
日蓮宗（法華宗）	日蓮
時宗	一遍
禅宗	栄西，道元

ここで学んだ内容を次で確かめよう！

問題を解こう

/ 100点 30分

1 次のA〜Cの文を読んで，あとの各問いに答えなさい。　　　5点×3（15点）

> **A**　今から200万年ほど前に出現した[　　　]は，火や言葉を使うようになった。
>
> **B**　紀元前3000年ごろに①エジプト文明が栄えた。
>
> **C**　紀元前3世紀に②秦の始皇帝が中国を統一した。

(1)　**A**の文中の[　　　]にあてはまる人類の名称を答えなさい。　（　　　　　　）

(2)　**B**の文中の下線部①について述べた文を，次から1つ選びなさい。　（　　　　）

　　ア　太陽暦が発明された。　　　**イ**　モヘンジョ・ダロが発掘された。

　　ウ　甲骨文字が発明された。　　**エ**　ユーフラテス川流域に栄えた。

(3)　**C**の文中の下線部②の始皇帝が万里の長城を修築した目的を，次から1つ選びなさい。

　　ア　西方との交易路にするため。　　　**イ**　農地に農業用水を引くため。　（　　　　）

　　ウ　国内の農民の反乱を抑えるため。　**エ**　北方の異民族の侵入を防ぐため

2 次の各問いに答えなさい。　　　(3)は完答，5点×3（15点）

(1)　縄文時代の人々が沿岸部に捨てた食べ物の残りかすなどが積み重なっ

　　てできた遺跡を何といいますか。　　　　（　　　　　　　　）

(2)　右の資料は，弥生時代の人々が用いていた青銅器の一種を示している。

　　資料の青銅器は主にどのようにして用いられたか，次から1つ選びなさい。

　　ア　舟をつくる工具　　**イ**　祭りの宝物　　　（　　　　）

　　ウ　食べ物の調理　　　**エ**　狩りの道具

(3)　弥生時代の様子について述べた次の**X・Y**の文のうち，正しいものには〇，誤っている

　　ものには×をそれぞれ答えなさい。　　　　　　　　**X**（　　　　）　**Y**（　　　　）

　　X　卑弥呼が中国の皇帝から「親魏倭王」の称号を授けられた。

　　Y　王や有力な豪族の墓の周りなどに埴輪が置かれた。

3 次の各問いに答えなさい。　　　(2)は完答，6点，他5点×1（11点）

(1)　聖徳太子が役人の心構えを示すために制定した右の資料を

　　何といいますか。　　　　　（　　　　　　　　　）

(2)　大宝律令が制定されるまでに起こった次の**ア〜エ**のできご

　　とを，年代の古い順に左から並べなさい。

> 一に曰く，和をもって貴しとなし，さからうことなきを宗とせよ。

　　　　　　　　　（　　　　→　　　　→　　　　→　　　　）

　　ア　壬申の乱が起こる。　　　**イ**　白村江の戦いが起こる。

　　ウ　天武天皇が即位する。　　**エ**　大化の改新が始まる。

4 右の年表を見て，次の各問いに答えなさい。

(2)・(5)は各7点，5点×3 (29点)

年	主なできごと
701	大宝律令が制定される…………………A
724	聖武天皇が即位する………………………B
1016	藤原道長が ☐C☐ となる
1192	源 頼朝が征夷大将軍に任命される…D
1221	承久の乱が起こる…………………………E

(1) 年表中の**A**について，律令制の下で戸籍に登録された6歳以上の人々に性別や身分に応じて与えられた土地を何といいますか。

( )

(2) 年表中の**B**が都に東大寺を，国ごとに国分寺・国分尼寺を建てさせた目的を，「国家」の語句を用いて簡単に答えなさい。

( )

(3) 年表中の ☐C☐ にあてはまる，天皇が幼少や女性のときに天皇の代わりに政治を行う役職名を答えなさい。

( )

(4) 年表中の**D**について，鎌倉時代に将軍に忠誠をちかって家来となり，御恩と奉公の関係で結ばれていた武士を何といいますか。漢字3字で答えなさい。( )

(5) 年表中の**E**の戦乱後，幕府が京都に六波羅探題を置いた目的を，「朝廷」の語句を用いて簡単に答えなさい。( )

5 次の各問いに答えなさい。

6点×5 (30点)

(1) 春秋・戦国時代に孔子が説いた教えを何といいますか。

(2) 6世紀に日本に正式に仏教を伝えた百済の位置を，5世紀ごろの朝鮮半島を示した地図中の**ア～エ**から1つ選びなさい。

( )

(3) 奈良時代に栄えた天平文化の特徴について述べた文を，次から1つ選びなさい。

( )

ア 国際色の強い文化　　**イ** 武士の性格を反映した力強い文化

ウ 日本の風土に合った文化

(4) 右の資料は，11世紀半ばに日本各地に広まったある☐☐☐信仰（☐☐☐の教え）と関係の深い阿弥陀如来像が安置されている建築物を示している。☐☐☐にあてはまる語句を答えなさい。

( )

(5) 鎌倉時代に広まった新しい仏教のうち，栄西や道元が説いた，座禅によって自分で悟りを開こうとする仏教の宗派を何といいますか。

( )

ガンバレ

元寇から江戸時代の政治改革までを理解しよう。

5 日目 中世〜近世 （鎌倉時代②〜江戸時代①）

解答 > p.10 〜 11

要点 を確認しよう　　　〔　〕にあてはまる語句を，攻略のキーワード 🔑 から選んで書きましょう。

① 鎌倉幕府の滅亡

🔑 後醍醐　元寇

- 〔①　　　　　　　〕…元軍が二度九州北部に襲来。
- 御家人の生活苦に対して，幕府は（永仁の）**徳政令**を出す。
- 〔②　　　　　　　〕天皇や**足利尊氏**らが鎌倉幕府を滅ぼす。

元寇（文永の役）

左側が元軍で，右側が鎌倉幕府軍だよ。

②-1 室町時代の政治と外交

🔑 建武の新政　日明　下剋上　応仁の乱

- 鎌倉幕府の滅亡後，後醍醐天皇中心の〔③　　　　　　　〕が始まる。
- 政治に不満を持つ武士らが挙兵→二つの朝廷が誕生し対立，**南北朝時代**へ。**足利尊氏**が京都に**室町幕府**を開く→**足利義満**が朝廷を統一。
- 足利義満が〔④　　　　　　　〕（**勘合**）貿易を始める。
- 足利義政のときに〔⑤　　　　　　　〕が始まる→
〔⑥　　　　　　　〕の風潮のなか各地に戦国大名が現れ，**分国法**を制定。→戦国時代。

勘合

②-2 室町時代の社会　室町文化 ——— **貴族と武士の文化がまざる**

🔑 座　土一揆

- 同業者組合の〔⑦　　　　　　　〕，**馬借**や**問**，**土倉**などが活躍。
- 農村に**惣**が形成。農民が団結→近江で正長の〔⑧　　　　　　　〕，加賀の**一向一揆**など。

室町文化

建築	金閣（足利義満），銀閣（足利義政），書院造
芸能	能（観阿弥・世阿弥），狂言
美術	水墨画（雪舟）
文学	御伽草子

③ ヨーロッパの動きと日本 ——— **ヨーロッパ文化が伝わる**

🔑 キリスト　宗教改革

- ヨーロッパで**ルネサンス**（**文芸復興**）が始まる。
- **ルター**らがキリスト教の改革運動の〔⑨　　　　　　　〕を始める。
- 香辛料を求めて新航路を開拓。**コロンブス**が西インド諸島，**バスコ・ダ・ガマ**がインドへ。**マゼラン**船隊が世界一周を達成。
- 16世紀半ば，種子島に**鉄砲**，**フランシスコ・ザビエル**により〔⑩　　　　　　　〕教が伝わる→**南蛮貿易**が始まる。

ヨーロッパの文化は日本にも大きな影響を与えました。

④ 安土桃山時代　桃山文化 ──── 豊臣秀吉が全国を統一

🔑 **太閤検地　楽市・楽座　姫路城　千利休**

- **織田信長**…室町幕府を滅ぼす→**長篠の戦い**→安土城の城下町で〔⑪　　　　　　　〕を実施→本能寺の変でたおれる。

刀狩によって一揆を防ぎ，農民を耕作に専念させようとしたんだ。

- **豊臣秀吉**…〔⑫　　　　　　　〕や**刀狩**を行う→**兵農分離**が進む。全国を統一したのち，朝鮮出兵。
- 障壁画の**狩野永徳**，わび茶の作法を大成した〔⑬　　　　　　　〕。

〔⑭　　　　　　　〕

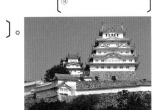

⑤1 江戸幕府の成立　鎖国の体制 ──── 外交の制限

🔑 **島原・天草　参勤交代**

- 関ヶ原の戦いに勝った**徳川家康**が**江戸幕府**を開く→江戸時代。
- **武家諸法度**を制定…大名統制が目的。**徳川家光**のときに〔⑮　　　　　　　〕を追加。
- **鎖国の体制**…キリスト教を禁止→**絵踏**。貿易を統制→**朱印船貿易**を停止，九州で〔⑯　　　　　　　〕一揆。中国（**清**）は長崎，オランダは長崎の**出島**で貿易。

鎖国体制下の四つの窓口

松前藩	アイヌの人々
対馬藩	朝鮮
長崎	オランダ・中国
薩摩藩	琉球王国

幕府によるキリスト教の禁止や貿易の統制などの政策を鎖国といいます。

⑤2 江戸時代の産業　町人文化　学問の発達

🔑 **蔵屋敷　国　化政**

- 大阪に〔⑰　　　　　　　〕が置かれる。「天下の台所」。**株仲間**が営業独占。18世紀に**問屋制家内工業**，19世紀に**工業制手工業**が発達。
- **元禄文化**…大阪・京都の上方中心。
- 〔⑱　　　　　　　〕**文化**…江戸中心。川柳・狂歌が流行。
- **蘭学**…**杉田玄白**らが「**解体新書**」を出版。〔⑲　　　　　　　〕**学**…**本居宣長**が大成。庶民は**寺子屋**。武士は**藩校**で教育。

元禄文化で活躍した主な人物

浮世草子	井原西鶴
人形浄瑠璃	近松門左衛門
俳諧（俳句）	松尾芭蕉
浮世絵	菱川師宣

⑤3 幕府政治の改革と社会

🔑 **天保の改革　享保の改革　田沼意次**

- **徳川綱吉**…文治政治。**生類憐みの令**。質の悪い貨幣発行。
- **徳川吉宗**…〔⑳　　　　　　　〕で**公事方御定書**の制定。
- 〔㉑　　　　　　　〕…株仲間の結成，長崎貿易をすすめる。
- **松平定信**…**寛政の改革**で米の備蓄，朱子学以外の学問を禁止。
- **水野忠邦**…〔㉒　　　　　　　〕で株仲間の解散，大名領を幕領に。
- 18世紀ごろから**百姓一揆**や**打ちこわし**が多発した。
- **異国船打払令**を出して外国の船に備えた。

化政文化で活躍した主な人物

風景画	葛飾北斎　歌川広重
小説	曲亭（滝沢）馬琴　十返舎一九

ここで学んだ内容を次で確かめよう！

問題 を解こう

100点

30分

1 次の各問いに答えなさい。

6点×5（30点）

(1) 元寇について述べた右の文中の ___ にあてはまる人物名を答えなさい。

（　　　　　）

> 元の皇帝の ___ が日本に服属を求めたが，執権北条時宗はこれを拒否したため，元軍は高麗の軍勢とともに九州北部に襲来した。元軍は集団戦法で幕府軍を苦しめた。

(2) 生活が苦しくなった御家人を救うため，1297年に幕府が出した法令を何といいますか。

（　　　　　）

(3) 公家重視の政策を行ったため武士の反感をかい，京都を追われた後醍醐天皇がのがれた場所を，地図中の**ア～エ**から1つ選びなさい。

（　　　　　）

(4) 地図中の**X**の国で馬借らが土倉や酒屋を襲って幕府に借金の帳消しを要求した一揆を何といいますか。

（　　　　　）

(5) 日明（勘合）貿易の日本の主な輸入品を，次から1つ選びなさい。

ア 銅　**イ** 銀　**ウ** 銅銭　**エ** ガラス製品

2 次の各問いに答えなさい。

(3)は7点，他5点×2（17点）

(1) 16世紀前半に世界一周を達成した船隊を率いていた人物を，次から1つ選びなさい。

ア マゼラン　**イ** バスコ・ダ・ガマ　**ウ** コロンブス　**エ** ルター（　　　　　）

(2) 長篠の戦いの様子を描いた右の資料中の**X・Y**のうち，織田・徳川連合軍はどちら側か，記号で答えなさい。

（　　　　　）

(3) 豊臣秀吉が刀狩を行った目的を，「耕作」の語句を用いて簡単に答えなさい。

（　　　　　）

3 次の各問いに答えなさい。

(2)は完答，7点，他4点×2（15点）

(1) 右の資料は，17世紀半ばの主な大名の配置を示している。資料中の**X・Z**にあてはまる大名を，次から1つずつ選びなさい。

ア 譜代大名　**イ** 外様大名
ウ 守護大名　**エ** 親藩

X（　　　　　）　Z（　　　　　）

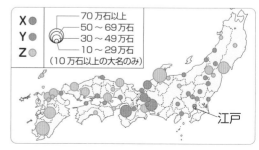

X ●
Y ●
Z ●
70万石以上
50～69万石
30～49万石
10～29万石
（10万石以上の大名のみ）

江戸

①(3)のがれた場所は奈良県の吉野です。
③(1)Ζは江戸から離れたところに配置されています。

(2) 江戸幕府の成立から鎖国が完成するまでに起こった次の**ア～エ**のできごとを，年代の古い順に左から並べなさい。　（　　→　　　→　　　→　　）

ア 平戸のオランダ商館が長崎の出島に移される。　**イ** 朱印船貿易が停止される。
ウ 徳川家康が征夷大将軍に任命される。　**エ** 島原・天草一揆が起こる。

4 次のA～Dのカードを見て，あとの各問いに答えなさい。　⑴は完答，8点，他5点×2 (18点)

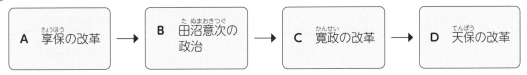

| A 享保の改革 | → | B 田沼意次の政治 | → | C 寛政の改革 | → | D 天保の改革 |

(1) A～Dのカードのときに行われた政策を，次からそれぞれ選びなさい。

A（　　）　B（　　）　C（　　）　D（　　）

ア 江戸・大阪周辺の大名領を幕領にしようとした。
イ 株仲間の結成を奨励して特権を与える代わりに営業税を取った。
ウ 幕府の学校で朱子学以外の学問を禁止した。
エ 上げ米の制を定めた。

(2) A～Dの政治が行われた時期に都市部で貧しい人々が米を買い占めた商人を襲った暴動を何といいますか。　（　　　　　）

(3) CのカードとDのカードの間の時期には欧米の船が日本近海に現れ，通商を求めるようになった。このような動きへの幕府の対応を，次から１つ選びなさい。　（　　）

ア 交通の要地に関所を設置した。　**イ** 下田の港を開港した。
ウ 五人組の制度をつくった。　**エ** 異国船打払令を出した。

5 次の各問いに答えなさい。　5点×4 (20点)

(1) 14世紀にイタリアで始まった，古代ギリシャ・ローマの文化を学び直し，人間らしい姿を重んじて学問や芸術が発達した動きを何といいますか。　（　　　　　）

(2) 桃山文化が栄えた時期に千利休が大成したものを，次から１つ選びなさい。
（　　）

ア 水墨画　**イ** 狂言　**ウ** わび茶　**エ** 俳諧（俳句）

(3) 元禄文化が栄えたころに，菱川師宣が「見返り美人図」などを描いて有名になった絵画を何といいますか。　（　　　　　）

(4) 右の資料は，ある学問が発達するきっかけとなった書物の扉絵を示している。この学問を何といいますか。　（　　　　　）

近世〜近代（江戸時代②〜明治時代）

開国から憲法制定までの流れを理解しましょう。

解答 > p.12 〜 13

要点 を確認しよう ……… 〔　〕にあてはまる語句を，攻略のキーワード から選んで書きましょう。

1-1 欧米の市民革命 ………人権思想の発達

🔑 **人権宣言　名誉**

啓蒙思想家	
ロック	社会契約説
モンテスキュー	三権分立
ルソー	人民主権

- イギリス…ピューリタン革命→〔①　　　　　　　〕革命で**権利（の）章典**を制定→議会政治の基礎が確立。

- アメリカ…北アメリカ植民地とイギリス本国が**独立戦争**→**独立宣言**を発表→植民地側が勝利し，ワシントンが初代大統領に。

- フランス…**フランス革命**で〔②　　　　　　　〕を発表→**ナポレオン**が皇帝に即位し，ヨーロッパの大部分を征服。

啓蒙思想は，古い体制や慣習を変えようとすることだよ。

1-2 産業革命と欧米諸国の発展　アジアへの進出

🔑 **資本主義　南京条約　産業革命　リンカン**

- 18世紀後半にイギリスで蒸気機関が実用化→〔③　　　　　　　〕。

- 資本家が労働者を雇って生産する〔④　　　　　　　〕が成立→貧富の差が拡大→マルクスらが**社会主義**の考えを提唱。

- アメリカ…自由貿易と奴隷制をめぐり，国内で対立→1861年に**南北戦争**が開戦。〔⑤　　　　　　　〕大統領率いる北部が勝利。

- イギリスの中国侵略…**三角貿易**でアヘンを中国（清）に密輸→**アヘン戦争**が起こる→イギリスが勝利し〔⑥　　　　　　　〕を結ぶ。

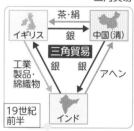

三角貿易

この貿易でイギリスは大きな利益を上げたよ。

2 開国と江戸幕府の滅亡

🔑 **日米和親　大政奉還　関税自主権**

- 1853年に**ペリー**が来航。翌年〔⑦　　　　　　　〕条約を結ぶ→鎖国の体制の終わり

- 1858年に**日米修好通商条約**を結ぶ→アメリカに**領事裁判権**（治外法権）を認め，日本に〔⑧　　　　　　　〕がない不平等条約。

- **尊王攘夷運動**が高まる→**井伊直弼**が開国反対派を処罰（**安政の大獄**）→水戸藩浪士らが井伊直弼を暗殺（桜田門外の変）。

- **薩長同盟**で倒幕へ→**徳川慶喜**が〔⑨　　　　　　　〕→**王政復古の大号令**で徳川氏を新政権から排除→**戊辰戦争**が開戦。

条約の開港地

- 日米和親条約で開いた港
- 日米修好通商条約で開いた港

函館
兵庫（神戸）
新潟
神奈川（横浜）
下田
長崎

3-1 明治維新 ──── 近代国家へのあゆみ

🔑 地租改正　廃藩置県

- 五箇条の御誓文で新政府の政治の方針を示す。
- 版籍奉還後，1871 年に〔⑩　　　　　　　　〕。
- 欧米文化の流入→都市部を中心に文明開化。

富国強兵の政策

徴兵令	満 20 歳以上の男子に兵役を義務づける。
学制	満 6 歳以上の男女が小学校教育を受ける。
〔⑪　　　　〕	土地所有者に地価の 3 ％を現金で納税させる。

3-2 自由民権運動と憲法制定

🔑 立憲改進党　自由民権　大日本帝国　伊藤博文

- 民撰議院設立の建白書を提出し，〔⑫　　　　　　　〕運動が始まる。
- 国会期成同盟の結成→政府が国会開設を約束→板垣退助が自由党，大隈重信が〔⑬　　　　　　　〕を結成。
- 内閣制度の創設…〔⑭　　　　　　　〕が初代内閣総理大臣に就任。
- 1889 年，〔⑮　　　　　　　〕憲法が発布。1890 年，第一回帝国議会。

富国強兵は経済を発展させて国力をつけ，軍隊を強くすることです。

3-3 日清・日露戦争

🔑 下関　ポーツマス　三国干渉　樺太・千島交換

- 明治時代初期の外交…不平等条約改正のため岩倉使節団を欧米に派遣→失敗。中国（清）と日清修好条規，ロシアと〔⑯　　　　　　　〕条約，朝鮮と日朝修好条規を結ぶ。
- 不平等条約の改正…1894 年陸奥宗光外相が領事裁判権（治外法権）を撤廃。1911 年小村寿太郎外相が関税自主権を回復。
- 日清戦争…甲午農民戦争をきっかけに開戦。日本が勝利し，〔⑰　　　　　　　〕条約を結び，日本は遼東半島や台湾などを得る→ロシアなどによる〔⑱　　　　　　　〕で遼東半島を清に返還。
- 1902 年に日英同盟…ロシアの南下を警戒して結成。
- 日露戦争…〔⑲　　　　　　　〕条約をアメリカの仲介で結ぶが，ロシアから賠償金を得られず。

日清戦争直前の情勢の風刺画

日本（左）と清（右）が釣ろうとしている魚は朝鮮を表しているね。

3-4 日本の産業革命　明治時代の文化

🔑 財閥　八幡製鉄所

- 日本の産業革命…1880 年代後半に軽工業が発展→ 1901 年に〔⑳　　　　　　　〕が操業開始し，重工業が発展。三菱・三井などの〔㉑　　　　　　　〕が日本経済を支配。

明治時代の文化

文学	夏目漱石	「吾輩は猫である」
	樋口一葉	「たけくらべ」
美術	黒田清輝	洋画の「湖畔」
	横山大観	日本画の「無我」
科学	北里柴三郎	破傷風の血清療法
	野口英世	黄熱病の研究

ここで学んだ内容を次で確かめよう！

問題 を解こう

100点
30分

1 次の各問いに答えなさい。 5点×5 (25点)

(1) 1689年にイギリス議会が制定した，国王の権限を制限することなどを認めさせた法律を何といいますか。

（　　　　　　　　）

(2) 右の資料は，フランス革命前の社会のしくみの風刺画である。資料中の**X**にあてはまるものを，次から1つ選びなさい。

ア 兵役　**イ** 税　**ウ** 人権　（　　　　　）

(3) 産業革命の進展により，生産の元手をもつ者が労働者を雇って利益を上げることを目的に生産活動を行う＿＿＿というしくみが生まれた。＿＿＿にあてはまる語句を漢字4字で答えなさい。

（　　　　　　　　）

(4) 19世紀にイギリス，インド，中国（清）の間で行われた三角貿易で，イギリスからインドへの輸出品（**Y**）と，インドから清への輸出品（**Z**）を，次からそれぞれ選びなさい。

ア 綿織物　**イ** 銀　**ウ** 茶　**エ** アヘン　**Y**（　　　）**Z**（　　　）

2 次の各問いに答えなさい。 4点×6 (24点)

(1) 日米修好通商条約について，次の問いに答えなさい。

① この条約で開港した港として誤っているものを，次から1つ選びなさい。　（　　　　　）

ア 兵庫（神戸）　**イ** 下田　**ウ** 新潟　**エ** 長崎

② 右のグラフは，このころの日本の輸出総額とその輸出品目別の割合を示している。グラフ中の**X**にあてはまる品目を，次から1つ選びなさい。　（　　　　　）

ア 生糸　**イ** 毛織物　**ウ** 銅　**エ** 銀

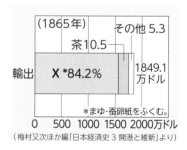

（梅村又次ほか編「日本経済史3 開港と維新」より）

(2) 1866年に倒幕を目指して坂本龍馬らが仲立ちとなって同盟を結んだ藩を，次から2つ選びなさい。

（　　　　　）（　　　　　）

ア 土佐藩　**イ** 薩摩藩　**ウ** 長州藩　**エ** 肥前藩

(3) 次の文中の　**A**　，　**B**　にあてはまる語をそれぞれ答えなさい。

　1867年に徳川慶喜は，新政権においても主導権を維持しようと朝廷に政権の返上を申し出た。この動きに対して公家の岩倉具視らは朝廷に　**A**　を出させ，天皇中心の新政府の樹立を宣言するとともに，慶喜に官職や領地の返上を命じた。これを不満とした旧幕府軍と新政府軍の間で1868年に　**B**　戦争が始まった。

A（　　　　　　　）B（　　　　　戦争）

3 右の年表を見て，次の各問いに答えなさい。

(3)①は6点，他4点×5 (26点)

(1) 年表中の ☐A☐ にあてはまる，大名が治めていた土地と人民を朝廷に返させた政策を何といいますか。（　　　　　　　）

(2) 年表中の**B**について，明治新政府は富岡製糸場を建設するなどして，近代産業の育成に努めた。この政策を何といいますか。

（　　　　　　　）

年	主なできごと
1869	☐A☐ が行われる
1872	富岡製糸場が建設される…………B
1873	地租改正が行われる……………C
1877	士族の反乱が起こる………………D
	↕E
1890	第一回帝国議会が開かれる…………

(3) 年表中の**C**について，次の問いに答えなさい。

① 地租改正で行われたことを，「所有者」「地価」の語句を用いて簡単に答えなさい。

（　　　　　　　　　　　　　　　　　　　　　　　　　　）

② このころ見られた社会の変化として誤っているものを，次から1つ選びなさい。

ア 太陽暦が採用された。　　**イ** 八幡製鉄所が操業を開始した。

ウ れんが造りの建物が建てられた。　**エ** 洋服や帽子が着用された。（　　）

(4) 年表中の**D**について，この年に西郷隆盛が鹿児島の士族らを率いて起こした，最も大規模な士族の反乱を何といいますか。（　　　　　　　）

(5) 年表中の**E**の時期に板垣退助が行ったことを，次から1つ選びなさい。（　　）

ア 自由党を結成した。　　**イ** 立憲改進党を結成した。

ウ 初代内閣総理大臣に就任した。　**エ** 学制を制定した。

4 次の各問いに答えなさい。

5点×5 (25点)

(1) 下関条約の内容として正しいものを，次から1つ選びなさい。（　　）

ア 韓国における日本の優越権を認める。　**イ** 旅順・大連の租借権を日本にゆずる。

ウ 遼東半島を日本にゆずる。　**エ** 樺太南部を日本にゆずる。

(2) ロシアの南下に対抗するため，1902年に日本がヨーロッパのある国と結んだ同盟を何といいますか。

（　　　　　　　）

(3) 日露戦争の講和条約はどこの国の仲介で結ばれたか。次から1つ選びなさい。

ア イギリス　**イ** アメリカ　**ウ** ドイツ　**エ** オランダ　（　　）

(4) ①「吾輩は猫である」を著した人物，②黄熱病の研究をした人物を，次からそれぞれ選びなさい。　①（　　）　②（　　）

ア 北里柴三郎　**イ** 福沢諭吉　**ウ** 野口英世　**エ** 夏目漱石

7日目 近代～現代（大正時代～）

第一次世界大戦から平成時代までの流れを理解しよう。

解答 > p.14 ～ 15

要点 を確認しよう ▶▶▶ 〔　〕にあてはまる語句を，攻略のキーワード🔑から選んで書きましょう。

1-0 第一次世界大戦　アジアの民族運動

🔑 **三国協商　ロシア　二十一か条　ベルサイユ**

第一次世界大戦中のヨーロッパ

凡例：□ 連合国側　■ 同盟国側
＊イタリアは1915年に連合国側に参加。

三国協商　イギリス　ロシア　ドイツ　三国同盟　フランス　オーストリア　イタリア　バルカン半島

- 三国同盟と〔①　　　　　　　　　〕が対立→1914年に**第一次世界大戦**が開戦。**総力戦**に。

- 日本の参戦と大戦の影響…日英同盟を理由に連合国側で参戦。1915年に〔②　　　　　　　　〕の**要求**を中国に示す。輸出額が大きく増加し，好景気になる（**大戦景気**）。

- 〔③　　　　　　　〕**革命**…皇帝の専制に抵抗→レーニンが社会主義政府を樹立→列強が**シベリア出兵**で干渉するが失敗→**ソ連**が成立。

ヨーロッパで起こったこの戦争は日本にも影響をあたえたよ。

- 1918年に連合国の勝利で終結→〔④　　　　　　　　〕条約を締結。

- 国際協調…**国際連盟**の設立。**ワシントン会議**で列強が軍縮。

- アジアの民族運動…朝鮮で**三・一独立運動**，中国で**五・四運動**。

1-2 大正デモクラシー　政党内閣の成立

🔑 **治安維持法　原敬　平塚らいてう**

米騒動の様子

- **大正デモクラシー**…護憲運動。吉野作造が**民本主義**を主張。

- **米騒動**後，〔⑤　　　　　　　　〕首相が多くの大臣を衆議院第一党の立憲政友会の党員が占める本格的な**政党内閣**を組織。

- 1925年**普通選挙法**の制定→満25歳以上の男子に選挙権。

- 〔⑥　　　　　　　　〕の制定→社会主義の動きを取りしまる。

米価が急上昇したことから，米の安売りを求めました。

- 社会運動…**労働争議**や**小作争議**が多発。差別の解放を目指す**全国水平社**が結成。〔⑦　　　　　　　〕らが新婦人協会を設立。

2-1 世界恐慌と各国の動き

🔑 **ファシズム　ニューディール**

- 1929年にアメリカの不景気が世界に広がる→**世界恐慌**へ。計画経済のソ連は影響なし。

- 日本経済…金融恐慌後，昭和恐慌で不景気に。

- 〔⑨　　　　　　　〕の台頭…反民主主義。イタリアでファシスト党のムッソリーニ，ドイツでナチス（ナチ党）のヒトラーが独裁政治。

世界恐慌に対する各国の政策

アメリカ	〔⑧　　　　　　　　〕
イギリス，フランス	ブロック経済

2-2 日本と中国 ········戦争が始まる

🗝 **国家総動員　五・一五　満州事変**

- [⑩ 　　　　　　　　　　] …1931 年に関東軍が南満州鉄道の線路を爆破
→**満州国**を建国するが国際連盟は認めず→日本は国際連盟を脱退。

- 軍部の台頭…犬養毅首相が暗殺された [⑪ 　　　　　　　] **事件**，陸
軍青年将校が大臣らを殺傷した**二・二六事件**。

- 北京郊外で武力衝突し**日中戦争**開戦→中国は抗日民族統一戦線を結成。
日本は [⑫ 　　　　　　　] **法**の制定，**大政翼賛会**の結成。

日中戦争の長期化で
国民生活への統制が
強まり，米や衣料の
配給制，切符制が始
まったよ。

2-3 第二次世界大戦　太平洋戦争

🗝 **日独伊三国　ポツダム宣言　太平洋戦争**

- 1939 年に**第二次世界大戦**。1940 年に [⑬ 　　　　　　] **同盟**を結成。
- 日本軍の真珠湾攻撃とマレー半島上陸→ [⑭ 　　　　　　] が開戦。
- 戦時下の日本…**勤労動員**，**学徒出陣**。空襲を避けて地方へ**集団疎開**。
- 1945 年にアメリカが沖縄に上陸（**沖縄戦**）→ 8 月に広島・長崎に原
子爆弾（原爆）投下→日本は [⑮ 　　　　　　　] を受諾し降伏。

勤労動員

中学生や女性も工場で
働かされたんだ。

3-1 日本の戦後改革　冷戦 ········民主的な国へ

🗝 **朝鮮戦争　冷たい戦争　石油危機　サンフランシスコ**

- **連合国軍最高司令官総司令部（GHQ）**の指令で民主化政策。
- 戦後の世界の動き…**国際連合**の発足。アメリカ中心の西側陣
営とソ連中心の東側陣営との間で [⑯ 　　　　　　　]（冷
戦）という対立。

- 韓国と北朝鮮が [⑰ 　　　　　　] →日本は**特需景気**（朝鮮特需）に。
- 1951 年に [⑱ 　　　　] **平和条約**，**日米安全保障条約**。
- 1950 年代半ばから日本は**高度経済成長**→ [⑲ 　　　　] 後不況へ。

主な民主化改革

経済	財閥解体
農村	農地改革
政治	女性に参政権
	日本国憲法

農地改革で小作人が減
り，自作農が増えまし
た。

3-2 これからの日本と世界

🗝 **平和維持活動　日中共同声明**

- 1980 年代後半**バブル経済**→ 1990 年代初め崩壊→平成不況へ。
- 日本の外交…**日ソ共同宣言**→国際連合へ加盟。韓国と**日韓基本条約**。
中国と [⑳ 　　　　　　]，**日中平和友好条約**。1972 年沖縄返還。

- 冷戦の終結…ベルリンの壁崩壊→東西ドイツ統一，ソ連の解体。
- 地域紛争…解決のために国連の [㉑ 　　　　　　]（PKO）。
- 日本の課題…**少子高齢化**，**東日本大震災**→防災。**持続可能な社会**。

冷戦の緊張緩和の動き

○アジア・アフリカ会
議→平和共存を訴える
○ベトナム戦争で反戦
運動→緊張緩和へ

ここで学んだ内容を
次で確かめよう！

31

問題 を解こう

/ **100点**

1 次の各問いに答えなさい。

(3)5点，他4点×5 (25点)

(1) 第一次世界大戦について，次の問いに答えなさい。

① 第一次世界大戦の連合国であるイギリス・フランス・ロシアによる，1907年に成立した協力関係を何といいますか。　（　　　　　　　　　）

② 第一次世界大戦の講和条約を何といいますか。　（　　　　　　　　　）

(2) 大正時代に見られた社会運動ではないものを，次から2つ選びなさい。

（　　　）（　　　）

ア 平塚らいてうらが新婦人協会を結成した。　　**イ** 全国水平社が結成された。

ウ 五・一五事件が起こった。　　**エ** 自由民権運動が起こった。

(3) 原敬内閣が本格的な政党内閣とよばれた理由を，簡単に答えなさい。

（　　　　　　　　　　　　　　　　　　　　　　　　　　　）

(4) 1925年に普通選挙法が制定されたことにより，どのような人々に選挙権が認められたか。次から1つ選びなさい。　（　　　　）

ア 満20歳以上の男子　　**イ** 満20歳以上の男女

ウ 満25歳以上の男子　　**エ** 満25歳以上の男女

2 次の各問いに答えなさい。

5点×5 (25点)

(1) 1929年に起こった世界恐慌について，次の問いに答えなさい。

① 世界恐慌に対してイギリスなどが行った，本国と植民地の貿易を拡大する一方，ほかの国からの輸入品に高い関税をかけた政策を何といいますか。（　　　　　　　　）

② 右のグラフの**A**〜**D**は，日本，アメリカ，イギリス，ソ連の鉱工業生産指数の推移を示している。ソ連にあてはまるものを，**A**〜**D**から1つ選びなさい。　（　　　　　　　）

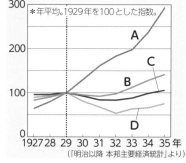

「明治以降 本邦主要経済統計」より)

(2) 1933年にドイツでナチス（ナチ党）が政権を獲得したときの首相を，次から1つ選びなさい。（　　　　　　　）

ア ムッソリーニ　　**イ** ウィルソン

ウ ヒトラー　　**エ** ローズベルト(ル)

(3) 1936年に陸軍青年将校が大臣らを殺傷し，東京の中心部を占拠したできごとを何といいますか。

（　　　　　　　　　）

(4) 日中戦争の長期化によって戦時体制を強化した日本は，議会の承認なしに政府が国民や物資を戦争に動員できる□□□を定めた。□□□にあてはまる法律を何といいますか。

（　　　　　　　　　）

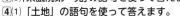
①(3)「衆議院第一党」の語句を使って答えます。
④(1)「土地」の語句を使って答えます。

---

3 次のA～Dを見て，あとの各問いに答えなさい。 5点×5 (25点)

| A 第二次世界大戦が始まる | → | B 太平洋戦争が始まる | → | C 日本の戦況が不利になる | → | D ポツダム宣言が発表される |

(1) Aについて，第二次世界大戦中に日本が軍事同盟を結んだ国を，次から2つ選びなさい。

ア ドイツ　　**イ** イギリス　　**ウ** イタリア　　**エ** アメリカ　（　　　）（　　　）

(2) BとCについて，次の問いに答えなさい。

① 太平洋戦争が起こった年に，日本は_____条約を結び，フランス領インドシナ南部へ進軍した。_____にあてはまる条約名を答えなさい。　（　　　　　　　　条約）

② 太平洋戦争が長期化したことで，それまで徴兵されなかった文科系の大学生などが軍隊に召集されたことを何といいますか。

(3) Dについて，ポツダム宣言が発表されたのち，アメリカ軍が原子爆弾（原爆）を投下した都市は広島とどこか，答えなさい。　（　　　　　　　　）

4 右の年表を見て，次の各問いに答えなさい。 (1)は5点，他4点×5 (25点)

(1) 年表中のAについて，民主化政策の一つである農地改革はどのような政策か。次のグラフを参考にして，簡単に答えなさい。

自作・小作の農家の割合

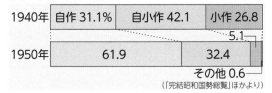

| 1940年 | 自作 31.1% | 自小作 42.1 | 小作 26.8 |

5.1

| 1950年 | 61.9 | 32.4 |

その他 0.6
（「完結昭和国勢総覧」ほかより）

年	主なできごと
1945	日本の民主化政策が始まる……A
1951	┃ B ┃条約が結ばれる
1956	日本が国際連合に加盟する……C
1973	石油危機が起こる…………… ↕D
1989	ベルリンの壁が崩壊する………E
2003	┃ F ┃戦争が起こる（～2011年）

（　　　　　　　　　　　　　　　　　　）

(2) 年表中の┃ B ┃には，サンフランシスコ平和条約と同時にアメリカとの間で結ばれた条約があてはまる。┃ B ┃にあてはまる条約を何といいますか。（　　　　　　条約）

(3) 年表中のCを実現させたできごとを，次から1つ選びなさい。

ア 日ソ共同宣言　　**イ** 日中共同声明　　**ウ** 日韓基本条約　　**エ** 日中平和友好条約

(4) 年表中のDの時期に日本で見られた急速な経済成長を何といいますか。

（　　　　　　　　　　　　　　）

(5) 年表中のEと最も関係の深いできごとを，次から1つ選びなさい。　（　　　　　　）

ア 朝鮮戦争　　**イ** ベトナム戦争　　**ウ** 冷戦の終結　　**エ** 主要国首脳会議（サミット）

(6) 年表中の┃ F ┃にあてはまる国名を答えなさい。　（　　　　　　戦争）

8日目 現代社会・憲法

解答 > p.16 ～ 17

要点を確認しよう　　〔　　〕にあてはまる語句を，攻略のキーワード🔑から選んで書きましょう。

1-1 現代社会と私たち ──── 技術の発達と変化する社会

🔑 少子高齢　情報リテラシー　グローバル化

　　情報通信技術　国際競争

- 世界の一体化が進む〔① 　　　　　　　〕の中，各国が製品を交換し合う**国際分業**や，より高品質な商品を安く販売する〔② 　　　　　　　〕が進む。

- **情報社会**…〔③ 　　　　　　　〕(ICT) の発達で，情報の役割が大きい社会。通信販売や**人工知能（AI）**の活用などが進む。必要な情報を選択し適切に活用する〔④ 　　　　　　　〕が必要。

- 〔⑤ 　　　　　　　〕社会…子どもが減り，高齢者の割合が高い社会。

訪日外国人数の推移

3500
3000
2500
2000
1500
1000
500
0
万人　1970　80　90　2000　10　20(年)
(2021/22 年版「日本国勢図会」より)

世界の一体化の影響で訪日外国人が増えていたけどコロナ禍で減ってしまったんだ。

1-2 私たちの文化と多様性 ──── 多様性の尊重

🔑 科学　伝統　多文化

- 文化…〔⑥ 　　　　　　　〕・芸術・宗教に大きく分類される。

- 年中行事…七夕やクリスマスなどの毎年同じ時期に行われる行事。

- 〔⑦ 　　　　　　　〕文化…歌舞伎や落語などの，長い歴史の中で育まれてきた文化→**文化財保護法**で保護。

- 文化の多様性…アイヌ文化や琉球文化のほか，外国のさまざまな文化→互いの文化を尊重し，共に暮らす〔⑧ 　　　　　　　〕**社会**へ。

日本の人口ピラミッドの変化

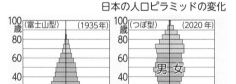

100歳（富士山型）（1935年）　100歳（つぼ型）（2020年）
80　　　　　　　　　　　　80
60　　　　　　　　　　　　60　　男　女
40　　　　　　　　　　　　40
20　　　男　女　　　　　　20
0　8 6 4 2 0 2 4 6 8(%)　　8 6 4 2 0 2 4 6 8 (%)
(2021/22 年版「日本国勢図会」ほかより)

歌舞伎

1-3 社会集団ときまり ──── きまりを守る責任と義務がある

🔑 効率　社会的

- 家族形態の変化…夫婦のみなどからなる**核家族**世帯，一人暮らし世帯の増加。

- 人間は，家族や学校，職場などの社会集団の中で生活することから，〔⑨ 　　　　　　　〕**存在**といわれる。

- 社会集団では考え方の違いなどから**対立**が生じる→〔⑩ 　　　　　　　〕と**公正**の観点できまり（ルール）を考え，**合意**へと導くことが大切。

きまり（ルール）は全会一致か多数決で決めるよ。

❷ 人権思想の発達

🔑 **ワイマール憲法　アメリカ独立宣言**

- 人権思想のおこり…イギリスのマグナ・カルタ，**権利（の）章典**。
- 自由権・平等権の確立→[⑪　　　　　　]，**フランス人権宣言**。
- 社会権の出現…ドイツの[⑫　　　　　　]で，世界で初めて保障。
- 人権の国際保障…国際連合で**世界人権宣言**，国際人権規約が採択。

> 人権思想家は，ロックやモンテスキュー，ルソーが有名だよ。

❸ 日本国憲法の三大原理

🔑 **平和主義　立憲主義　国事行為**

- 憲法で政治権力を制限し人権を保障する考えを[⑬　　　　　　]という。憲法は法の中で最上位に位置する**国の最高法規**。
- 日本国憲法…**国民主権，基本的人権の尊重，**[⑭　　　　　　]が三大原理。天皇は日本国と日本国民統合の象徴と規定→[⑮　　　　　　]のみを行う。

> 憲法の改正は，一般の法律よりも改正の手続きが厳しくなっています。

憲法改正の手続き

| 改正原案 | 衆（参）議院 総議員の3分の2以上の賛成 | 参（衆）議院 総議員の3分の2以上の賛成 | 憲法改正の発議 | 国民投票 有効投票の過半数の賛成 | 国民の承認 | 天皇が国民の名で公布 |

❹ 基本的人権　────人が生まれながらにもつ権利

🔑 **精神　公共の福祉　生存権**

- **平等権**…だれでも等しく同じ扱いを受ける権利。**法の下の平等**。
- **自由権**…国から不当な制約を受けず，自由に考え行動できる権利。**身体の自由，**[⑯　　　　　　]**の自由，経済活動の自由。**
- **社会権**…人間らしい生活を送る権利。健康で文化的な最低限度の生活を営む[⑰　　　　　　]が基盤。教育を受ける権利，勤労の権利，**労働基本権（労働三権）**（団結権，団体交渉権，団体行動権）。
- 人権を守るための権利…**参政権**（選挙権，被選挙権），**請求権**。
- 人権は社会全体の利益の[⑱　　　　　　]によって制限を受ける。

自由権の主な種類
- ○身体の自由
  ・奴隷的拘束・苦役からの自由　など
- ○⑯の自由
  ・思想・良心の自由
  ・信教の自由
  ・集会・結社・表現の自由
  ・学問の自由
- ○経済活動の自由
  ・居住・移転・職業選択の自由
  ・財産権の保障

❺ 新しい人権　国民の義務

🔑 **勤労　プライバシー**

- 新しい人権…社会の変化にともない主張されるようになった。日照権などの**環境権，知る権利，**[⑲　　　　　　]**の権利，自己決定権**。
- 国民の三大義務…子どもに普通教育を受けさせる義務，[⑳　　　　　　]の義務，納税の義務。

> ここで学んだ内容を次で確かめよう！

問題を解こう

/ **100**点 ③⓪分

1 次の各問いに答えなさい。

4点×5 (20点)

(1) グローバル化の進展により，各国が得意な製品を生産し，そうではない製品は他国から輸入する動きがさかんになっている。このことを何といいますか。（　　　　　）

(2) 大量の情報の中から必要な情報を選び，それを適切に活用する能力を何といいますか。

（　　　　　）

(3) 右のグラフは，2020年の日本の人口ピラミッドを示している。これについて，次の問いに答えなさい。

① グラフのような社会を何といいますか。

（　　　　　）

② ①のような社会では社会保障費の [**A**] や働き手の [**B**] などが問題となる。[**A**]，[**B**] にあてはまる語句をそれぞれ答えなさい。

A（　　　　　）　　**B**（　　　　　）

100歳 （2020年）
80
60 男　女
40
20
0
8 6 4 2 0 2 4 6 8 (%)
(2021/22年版「日本国勢図会」より)

2 次の各問いに答えなさい。

5点×5 (25点)

(1) 右の資料は，文化の代表的な3つの領域のうちの1つの領域と関係の深いものを示している。資料で示した文化の代表的な領域を何といいますか。（　　　　　）

(2) 日本で行われている年中行事のうち，5月，11月に行われる行事を，次からそれぞれ選びなさい。

5月（　　　）　　11月（　　　）

ア お盆（盂蘭盆会）　**イ** 七夕　**ウ** 端午の節句　**エ** 七五三

(3) 次の文章を読んで，あとの問いに答えなさい。

> さまざまな社会集団の中で生活している私たちは，ときに他人との間で意見が対立することがある。このようなときは，互いの意見に耳を傾けA解決策を求めて話し合い，[**B**] を目指すことが大切である。

① 下線部**A**について，この解決策に対する2つの観点のうち，時間やお金，ものなどが無駄なく使われているかという観点を何といいますか。（　　　　　）

② [**B**] にあてはまる語句を漢字2字で答えなさい。（　　　　　）

②(1)写真はオーケストラの演奏会の様子です。
④(5)写真は上層階が階段状になっているマンションです。

3 右の年表を見て，次の各問いに答えなさい。

6点×5 (30点)

(1) **A**について，右の資料1は，フランス人権宣言の一部を示している。資料1中の □□□ にあてはまる語句を，次から1つ選びなさい。

（　　　　）

年	主なできごと
1789	フランス人権宣言が発表される………A
1946	日本国憲法が公布される……………B
1948	国連で C が採択される

ア 自由　**イ** 平和
ウ 正当　**エ** 幸福

資料1

> 第一条　人は生まれながらに， □□□ で平等な権利をもつ。

（　　　　）

(2) **B**について，次の問いに答えなさい。

① 日本国憲法第1条で，天皇は日本国と日本国民統合の何であると定められたか。答えなさい。

（　　　　）

② 右の資料2は，日本国憲法の改正の手続きを示している。資料2中の**X**，**Y**にあてはまる語句を，次からそれぞれ選びなさい。　**X**（　　　　）　**Y**（　　　　）

資料2

ア 過半数　　**イ** 3分の1
ウ 3分の2　　**エ** 4分の3

(3) □ C □ にあてはまる，国際的な人権宣言を何といいますか。（　　　　）

4 次の各問いに答えなさい。

〔1〕は3点，〔3〕は7点，他は5点×3 (25点)

(1) 1985年に制定され，事業主が職種や昇進などで女性を差別することを禁止することなどが盛り込まれた法律を，次から1つ選びなさい。

（　　　　）

ア 男女共同参画社会基本法　　**イ** 男女雇用機会均等法　　**ウ** 育児・介護休業法

(2) 自由権のうち，職業選択の自由が含まれる自由を何といいますか。

（　　　　）

(3) 労働基本権（労働三権）の1つである団結権とはどのような権利か。簡単に答えなさい。

（　　　　）

(4) 参政権に含まれる権利として誤っているものを，次から1つ選びなさい。（　　　　）

ア 被選挙権　　**イ** 裁判を受ける権利
ウ 国民投票権　**エ** 最高裁判所裁判官の国民審査権

(5) 右の資料と関係の深い新しい人権を，次から1つ選びなさい。

資料

ア 環境権　　　　　　**イ** 知る権利
ウ プライバシーの権利　**エ** 自己決定権

（　　　　）

要点を確認しよう　〔　〕にあてはまる語句を，攻略のキーワード🔑から選んで書きましょう。

① 選挙　政党

🔑 小選挙区　連立政権　秘密　与党

- 多くの国が**間接民主制（議会制民主主義）**をとる。
- **普通選挙**，**直接選挙**，**平等選挙**，〔① 　　　　　〕
  選挙の４つの原則。衆議院は〔② 　　　　　〕**比例**
  代表並立制を，参議院は選挙区制と比例代表制を採用。
- 内閣を担当する〔③ 　　　　　〕，その他の**野党**。
- 複数の政党で内閣が組織される〔④ 　　　　　〕。
- 投票率の低下や**一票の格差**などが課題。

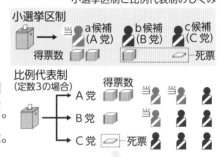

小選挙区制と比例代表制のしくみ

１つの選挙区から１人の代表を選ぶのが小選挙区制だよ。

② 国会のしくみ ━━━━法律をつくる国会

🔑 国政調査権　二院制　常会

- 国会は**国権の最高機関**で，国の唯一の**立法機関**である。
- 衆議院と参議院の〔⑤ 　　　　　〕を採用。衆議
  院は任期が短く解散があるため，法律案の議決や予算
  の審議などで**衆議院の優越**が認められている。
- 国会には，〔⑥ 　　　　　〕（通常国会），**臨時会**
  （臨時国会），**特別会**（特別国会），参議院の**緊急集会**がある。
- 国会の仕事…法律の制定，予算の議決，内閣総理大臣の指名，条約の
  承認，〔⑦ 　　　　　〕の行使など。

衆議院と参議院の違い

	衆議院		参議院
465 人		議員定数	248 人
25 歳以上		被選挙権	30 歳以上
4 年		任期	6 年
あり		解散	なし

参議院は３年ごとに半数を選挙するよ。

③ 内閣のしくみ　行政改革 ━━━━政治を行う内閣

🔑 行政改革　国務大臣　議院内閣制

- 内閣は**内閣総理大臣**と〔⑧ 　　　　　〕で組織。
- 日本の内閣は国会の信任に基づいて成立し，国会に対し
  て連帯責任を負う〔⑨ 　　　　　〕を採用。
- 内閣不信任の決議が可決された場合→内閣は 10 日以内
  に衆議院を解散するか，総辞職しなければならない。
- 近年，効率的な行政を目指して〔⑩ 　　　　　〕や，
  自由な経済活動をうながす**規制緩和**が行われている。

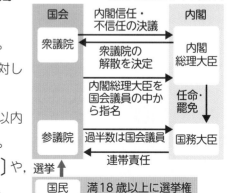

議院内閣制のしくみ（日本）

④ 裁判所のしくみ ──法を守らせる裁判所

🔑 三審制　裁判員制度　被告　控訴

- 裁判所の種類…最高裁判所と下級裁判所（高等裁判所，地方裁判所，家庭裁判所，簡易裁判所）。
- 〔⑪　　　　　　　〕…同じ事件で3回まで裁判を受けられる→裁判を慎重に行い人権を守る。第一審に不服な場合は〔⑫　　　　　　　〕，第二審に不服な場合は**上告**する。
- **民事裁判**…訴えを起こした側を**原告**，訴えられた側を〔⑬　　　　　　　〕という。
- **刑事裁判**…**検察官**が被疑者を**被告人**として裁判所に訴える（**起訴**）。裁判官には自らの良心に従い，憲法と法律のみに拘束されるという**司法権の独立**の原則がある。
- 司法制度改革…国民が裁判に参加する〔⑭　　　　　　　〕など。

最高裁判所は**憲法の番人**と呼ばれています。

三審制のしくみ

⑤ 三権分立 ──権力を分ける

🔑 行政　裁判所

- **三権分立（権力分立）**…モンテスキューが主張。国会に**立法権**，内閣に〔⑮　　　　　〕**権**，〔⑯　　　　　　　　〕に**司法権**。→国家権力の集中を防ぎ，国民の人権を守る。

三権分立

⑥ 地方自治 ──都道府県，市・区・町・村の政治のこと

🔑 地方交付税交付金　地方自治　地方分権

- **地方公共団体（地方自治体）**…地方の政治を行う都道府県や市区町村。
- 地域住民がその地域に合った政治を主体的に行う〔⑰　　　　　　　〕の原則→国から地方に仕事や財源を移す〔⑱　　　　　〕の動きもある。
- 住民には**直接請求権**や**住民投票**などが認められている。
- 地方財政…独自に徴収できる自主財源の地方税，国から支給される依存財源の〔⑲　　　　　　　〕と**国庫支出金**，地方債。

直接請求権の主な種類

直接請求	必要な署名数	請求先
条例の制定・改廃	有権者の50分の1以上	首長
監査請求		監査委員
地方議会の解散請求	有権者の3分の1以上	選挙管理委員会
首長・地方議員の解職請求		

条例は法律の範囲内で定められる，地方公共団体の独自のきまりだよ。

ここで学んだ内容を次で確かめよう！

問題 を解こう

100 点　30分

1 次の各問いに答えなさい。　5点×4 (20点)

(1)　日本の選挙の4つの原則のうち，一人一票をもつ原則（**X**），一定の年齢以上の国民が選挙権をもつ原則（**Y**）を，次からそれぞれ選びなさい。　**X**（　　　）　**Y**（　　　）

　　ア　普通選挙　　**イ**　平等選挙　　**ウ**　秘密選挙　　**エ**　直接選挙

(2)　衆議院議員総選挙で採用されている選挙制度のうち，得票数に応じて政党に議席を配分する選挙制度を何といいますか。　（　　　　　　　　）

(3)　衆議院議員総選挙で最も多くの議席を獲得した政党だけでは議席の過半数に達しない場合，理念や政策の近い政党とともに内閣を組織することがある。このような内閣を何といいますか。　（　　　　　　　　）

2 次の各問いに答えなさい。　(1)③は完答で7点，(1)④は7点，他は5点×4 (34点)

(1)　国会について，次の問いに答えなさい。

　①　2022年現在，衆議院の被選挙権は何歳以上の国民に認められているか，数字で答えなさい。　（　　　　　　　歳以上）

　②　毎年1回1月中に召集され，翌年度の予算案の審議などが行われる国会を，次から1つ選びなさい。　（　　　）

　　ア　常会（通常国会）　　**イ**　臨時会（臨時国会）
　　ウ　特別会（特別国会）　　**エ**　閣議

　③　右の資料は，法律が成立するまでの流れを示している。資料中の**A**〜**C**にあてはまる語句を，次から選びなさい。
　　　A（　　　）　**B**（　　　）　**C**（　　　）
　　ア　本会議　　**イ**　公聴会　　**ウ**　委員会

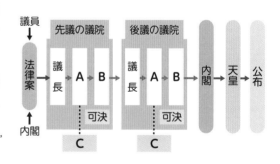

　④　衆議院の優越が認められている理由を，解答欄に合うように簡単に答えなさい。

（　　　　　　　　　　　　　　　　　　　　　）ため，
　　　より国民の意思を反映していると考えられるから。

(2)　内閣について，次の問いに答えなさい。

　①　日本で採用されている，内閣は国会の信任に基づいて成立し，国会に対して連帯責任を負う制度を何といいますか。　（　　　　　　　　）

　②　内閣不信任の決議が可決された場合，内閣は10日以内に衆議院を解散するか，何をしなければならないか。漢字3字で答えなさい。　（　　　　　　　　）

②(1)④任期と解散の有無にふれることが大切。
③(1)訴えを起こされた側は「被告」です。

3 次の各問いに答えなさい。

(3)は完答で8点，他は5点×4（28点）

(1) 民事裁判で，自分の権利の侵害を主張し，裁判所に訴えを起こした側を何といいますか。

（　　　　　　　　）

(2) 右の資料1は，三審制のしくみを示している。これについて，次の問いに答えなさい。

① 資料1中の下線部は，法律などが憲法に違反しているかどうかを最終的に判断する権限を持っていることから，何とよばれているか。（　　　　　　　　）

② 資料1中の**A・B**にあてはまる語句をそれぞれ答えなさい。　**A**（　　　　　　　）　**B**（　　　　　　　）

資料1

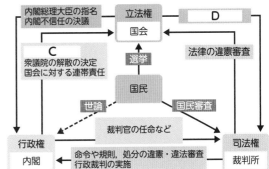

(3) 右の資料2は，日本における三権分立のしくみを示している。資料2中の**C・D**にあてはまるはたらきを，次からそれぞれ選びなさい。

C（　　　　）　**D**（　　　　）

ア 弾劾裁判所の設置
イ 最高裁判所長官の指名
ウ 国会召集の決定

資料2

内閣総理大臣の指名
内閣不信任の決議

立法権
国会

D

C
衆議院の解散の決定
国会に対する連帯責任

法律の違憲審査

選挙

国民

世論

国民審査

裁判官の任命など

行政権
内閣

司法権
裁判所

命令や規則，処分の違憲・違法審査
行政裁判の実施

4 次の各問いに答えなさい。

(2)は8点，他は5点×2（18点）

(1) 地方自治は，住民の最も身近な政治参加の機会であることから，「民主主義の[　　　]」とよばれている。[　　　]にあてはまる語句を漢字2字で答えなさい。

（　　　　　　　　）

(2) 有権者数が30万人の市で住民が市長の解職を請求する場合に必要となる署名数を，数字で答えなさい。

（　　　　万人以上）

(3) 右の資料は，地方公共団体の歳入総額に占める主な項目の割合を示している。資料中の**ア〜エ**の項目のうち，自主財源に含まれるものをすべて選びなさい。

（　　　　　　　　）

（2021年度）

地方税 ア 42.5%	地方交付税交付金 イ 19.5	国庫支出金 ウ 16.6	地方債 エ 12.5	その他 8.9

（2021/22年版「日本国勢図会」より）

10日目 経済のしくみ・国際社会

解答 > p.20 ～ 21

要点を確認しよう　〔　〕にあてはまる語句を，攻略のキーワード🗝から選んで書きましょう。

① 経済活動　消費生活

🗝 **クーリング・オフ　財　消費支出**

- 経済…〔①　　　　　　　　〕やサービスを生産・流通・消費する活動。**家計・企業・政府**が経済の主体。
- 家計の支出は食料費などの〔②　　　　　　　〕，税金や社会保険料などの非消費支出，将来のための**貯蓄**。
- 消費者保護の対応…〔③　　　　　　　〕制度，**製造物責任法（PL法），消費者基本法**など。
- 商品の**流通**…生産者→卸売業→小売業→消費者。

消費支出の割合の変化

	食料	被服・履物 9.5	教養娯楽 9.0	交通・通信 5.2	住居 4.9	その他
1970年 7万9531円	34.1%					37.3
2020年 27万7926円	27.5%	3.2	8.7	14.4	6.2	40.0

(注) 1世帯あたり（二人以上）の1か月の消費支出
(2021/22年版「日本国勢図会」より)

交通・通信費の割合が増えているね。

② 企業と労働 ……… 商品を生産する

🗝 **労働基準　配当　ワーク・ライフ・バランス**

- **公企業**…利潤（利益）を目的としない。地方公営企業など。
- **私企業**…利潤を目的にする。個人商店や**株式会社**。
- 株式会社のしくみ…**株式**を発行し資金を集める。**株主**は**株主総会**への出席や〔④　　　　　　〕を得る。
- 労働者の権利と多様な働き方…**労働三法**（〔⑤　　　　　　〕法，**労働組合法，労働関係調整法**）。能力主義の導入，非正規雇用の増加。〔⑥　　　　　　　　〕の実現。

株式会社のしくみ

出資 → 資金 → 資本（元手）
購入 ← 株式 ← 発行
株主は利潤の一部を受け取る 配当
株主 出席 株主総会
株式会社 仕事の決定 取締役会
生産や販売など → 利潤
会社の方針を決定し，役員を選出

③ 市場経済　金融

🗝 **公共料金　独占禁止法　均衡価格　インフレーション　発券**

- **市場経済**では，買おうとする量（**需要量**）と売ろうとする量（**供給量**）の関係で商品の価格が決定。需要量と供給量が一致した価格を〔⑦　　　　　　〕という。
- 商品の供給が**独占**の状態は，消費者の不利益→競争をうながす〔⑧　　　　　　〕が制定。**公正取引委員会**が運用。
- 〔⑨　　　　　　〕…生活への影響が大きいため，国や地方公共団体が決定・認可する価格。鉄道運賃，公営水道料金など。

需要量が供給量を上回ると，価格が上昇するよ。

需要量・供給量・価格の関係

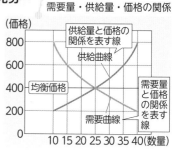

（価格）
800
600
400
200
0
供給量と価格の関係を表す線
供給曲線
均衡価格
需要量と価格の関係を表す線
需要曲線
10 15 20 25 30 35 40（数量）

- **日本銀行**には〔⑩　　　　　　　〕**銀行**，**政府の銀行**，**銀行の銀行**の
役割がある。**金融政策**（**公開市場操作**）で景気を調整。

- 景気は**好景気（好況）**と**不景気（不況）**の連続。好景気→
〔⑪　　　　　　　〕，不景気→**デフレーション**が起こる。

> **デフレーション**とは物価が継続的に下落することです。

④ 政府の財政活動　税金

🔑 **社会保険　累進課税　歳入**

- **財政**…社会保障費などの**歳出**と，租税や
公債金などの〔⑫　　　　　　　〕。

- **税金**は**国税**と**地方税**，**直接税**と**間接税**に
分類。所得税などには所得が多いと税率
が高くなる〔⑬　　　　　　　〕を採用。

- **財政政策**…景気を安定させる政府の政策。

- 社会保障制度…〔⑭　　　　　　　〕，**公的扶助**，**社会福祉**，**公衆衛生**。

日本銀行の金融政策と政府の財政政策

	好景気のとき	不景気のとき
金融政策	国債などを銀行へ売り，銀行から企業への資金の貸し出しを減らす。	国債などを銀行から買い，銀行から企業への資金の貸し出しを増やす。
財政政策	・公共投資を減らす。 ・増税をして，消費活動を減らす。	・公共投資を増やす。 ・減税をして，消費活動を増やす。

⑤-1 国際連合　地域主義　地域紛争と軍縮

🔑 **拒否　主権　常任理事国**

- **国家**は〔⑮　　　　　　　〕，**領域**，**国民**の３つの要素で構成。

- **国際法**は大きく分けて**国際慣習法**と**条約**の２つがある。

- **国際連合（国連）**…**総会**，**安全保障理事会**（〔⑯　　　　　　　〕
と**非常任理事国**）。常任理事国は〔⑰　　　　　　　〕権をもつ。

- 2015 年に**持続可能な開発目標（SDGs）**を採択。

- **グローバル化**により**地域主義**が強化。**EU**など。

- 冷戦後，**地域紛争**が多発→多くの**難民**の発生。

- **軍縮**の動き…1968 年**核拡散防止条約**の締結。

国際連合の主な機関

- ●国連教育科学文化機関（UNESCO）
- ●世界保健機関（WHO）
- ●国際通貨基金（IMF）
- ●国連児童基金（UNICEF）
- ●国連難民高等弁務官事務所（UNHCR）

⑤-2 地球環境問題　日本の国際貢献

🔑 **政府開発援助　パリ協定　京都議定書**

- 地球環境問題への取り組み…1997 年に
〔⑱　　　　　　　〕，2015 年に〔⑲　　　　　　　〕を採択。

- **再生可能エネルギー**の活用→**持続可能な社会**の実現へ。

- 経済格差…先進国と途上国間の**南北問題**と，途上国間の**南南問題**→日
本は〔⑳　　　　　　　〕（**ODA**）を中心に支援。

- 日本の国際貢献…国連の**平和維持活動（PKO）**への参加など。

持続可能な開発目標の 17 の目標

> 17 の国際目標が示されたよ。

> ここで学んだ内容を次で確かめよう！

問題を解こう

100点

30分

1 次の各問いに答えなさい。

5点×6（30点）

(1) 消費支出に含まれるものを，次から1つ選びなさい。　　　　　　　　（　　　　　）

　　ア 税金　　**イ** 預金　　**ウ** 社会保険料　　**エ** 食料費

(2) 消費者が欠陥商品で被害を受けた場合，企業がその責任を負うことを定めた法律を何と

　　いいますか。　　　　　　　　　　　　　　　　　　　　　　　（　　　　　）

(3) 右の資料は，株式会社のしくみを示している。これに

　　ついて，次の問いに答えなさい。

　　① 株式会社のように，利潤（利益）を目的に生産活動

　　　をする企業を何といいますか。（　　　　　）

　　② 資料中の**A・B**にあてはまる語句をそれぞれ答えな

　　　さい。

　　A（　　　　　）　　**B**（　　　　　）

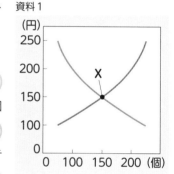

(4) 労働三法のうち，使用者が労働組合の活動を妨げるのを禁止した法律を何といいますか。

　　　　　　　　　　　　　　　　　　　　　　　　　　　　　　（　　　　　）

2 次の各問いに答えなさい。

(3)① 7点，他は5点×4（27点）

(1) 右の資料1は，ある商品の需要量・供給量・価格の関係を

　　示している。これについて，次の問いに答えなさい。

　　① 資料1中の**X**の価格を何といいますか。

　　　　　　　　　　　　　　　　　　（　　　　　）

　　② ある商品の価格が200円のとき，供給量が需要量を何個

　　　上回るか。数字で答えなさい。（　　　　　）個

資料1

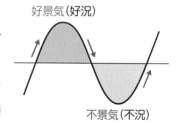

(2) 日本銀行の3つの役割のうち，政府のお金の出し入れを行

　　う役割を何といいますか。　　　　（　　　　　）

(3) 右の資料2は，景気の変動を模式的に示している。これに

　　ついて，次の問いに答えなさい。

資料2

好景気（好況）

不景気（不況）

　　① 資料2中の好景気のときに，日本銀行が行う金融政策（公

　　　開市場操作）では，銀行の資金量を減らすためにどのよう

　　　なことをするか，「国債」の語句を用いて，簡単に答えな

　　　さい。（　　　　　）

　　② 資料2中の不景気のときに起こる，物価が継続的に下落

　　　する現象を何といいますか。　　　　　　　　（　　　　　）

3 次の各問いに答えなさい。

(4)は完答，(3)は8点，他は5点×3（23点）

(1) 右の資料は，国の歳出総額に占める主な項目
の割合を示している。資料中の**W**にあてはまる
項目を，次から1つ選びなさい。（　　　）

ア 防衛関係費　　**イ** 社会保障関係費

ウ 地方交付税交付金　**エ** 国債費

資料

文教及び科学振興費 5.1
公共事業関係費 5.7―――　　その他

歳出総額 107兆円	W 33.6%	X 22.3	Y 14.6		13.7

Z 5.0

（2021年度）　（2021/22年版「日本国勢図会」より）

(2) 税を納める人と税を負担する人が同じ税を何といいますか。（　　　　　）

(3) (2)に含まれる所得税などに採用されている累進課税とはどのような制度か。「所得」「税
率」の語句を使って，簡単に答えなさい。

（　　　　　　　　　　　　　　　　　　　　　　）

(4) 次の文は，不景気のときに政府が行う財政政策について述べたものである。文中の
　A，**B**にあてはまる語句を，あとからそれぞれ選びなさい。

A（　　　）　B（　　　）

> 公共投資や公共事業を**A**し，企業の仕事を増やす。また，**B**をして家計や企業の消
> 費を増やそうとする。

ア 増税　**イ** 減税　**ウ** 増や　**エ** 減ら

4 次の各問いに答えなさい。

(2)は完答，5点×4（20点）

(1) 国際連合（国連）について，次の問いに答えなさい。
　① 感染症の対策などを行う世界保健機関の略称をアルファベットで答えなさい。

（　　　　　　）

　② 2015年に国際連合の総会で採択された，2030年までに達成すべき17の国際目標を何
　といいますか。

（　　　　　　）

(2) 右の地図中の**A〜D**には，APEC，EU，ASEAN，MERCOSURのいずれかがあては
まる。**C・D**にあてはまるものをそれぞれ答
えなさい。

C（　　　　　）　**D**（　　　　　）

(3) 地球温暖化防止のために2015年に採択さ
れた，先進国だけでなく途上国にも温室効果
ガスの削減目標の提出を義務づけた協定を何
といいますか。　（　　　　　　）

地図　主な地域主義

（2021年）

▨A	▤B	□C	▥D	▨USMCA

（外務省資料より）

グラフの見方を確認しましょう。

Q. 雨温図とは？ 　A. 月ごとの平均気温と降水量を表したグラフ。

南半球の温帯（温暖湿潤気候）の雨温図

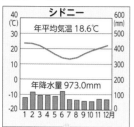

北半球の温帯（温暖湿潤気候）の雨温図

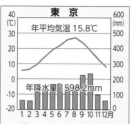

熱帯（熱帯雨林気候）の雨温図

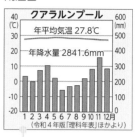

（令和4年版「理科年表」ほかより）

7・8月の気温を比べると，東京は高くシドニーは低い。
➡南半球と北半球では**季節が逆**になる。

東京と比べてクアラルンプールは一年を通して気温差が少ない。
➡**熱帯では四季の変化がない。**

Q. 人口ピラミッドとは？ 　A. 国や地域の人口を男女・年齢層別に分けて表したグラフ。

横にのびる棒グラフが長いと，総人口に占める年齢層の割合が高いことを示している。

富士山型

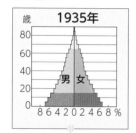

つりがね型

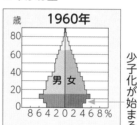

少子化が始まる

つぼ型

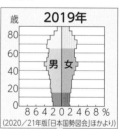

（2020／21年版「日本国勢図会」ほかより）

若い人の割合が高く，高齢者の割合が低い
➡出生数は多いが，寿命が短い

若い人の割合が低く，高齢者の割合が高い
➡**少子高齢社会**

Q. 需要量と供給量とは？ 　A. 需要量は買おうとする量，供給量は売ろうとする量。

需要・供給・価格の関係

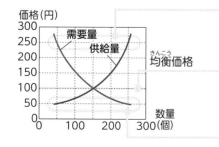

商品の価格が250円のとき，
需要量は50個，供給量は250個で，その差が200個。
➡この差は，**売れ残りが200個**あったことを表している。

売れ残りも品不足もない。

商品の価格が50円のとき，
需要量は250個，供給量は50個で，その差が200個。
➡この差は，**品不足が200個**あったことを表している。

似たものは整理して
頭に入れましょう。

科目	用語	かんたん見分けポイント
地理	扇状地 三角州	河川が**山地**から**平地**に流れ出たところに形成されるのが扇状地。河川が**海**に流れ出たところに形成されるのが三角州。
	促成栽培 抑制栽培	出荷時期を**早める**のが促成栽培で，温暖な地域でさかん。出荷時期を**遅らせる**のが抑制栽培で，高冷地でさかん。
	栽培漁業 養殖漁業	稚魚や稚貝をある程度まで人工的に育て，自然の海に**放流してからとる**のが栽培漁業。**放流せずに出荷する**のが養殖漁業。
	カルデラ シラス台地 関東ローム	火山の噴火でできた大きなくぼ地がカルデラ。火山灰が積もってできた台地がシラス台地。関東平野を覆っている，火山灰が積もった赤土が関東ローム。
歴史	執権 管領	**鎌倉幕府**に置かれたのが執権。**室町幕府**に置かれたのが管領。
	問屋制家内工業 工場制手工業	商人が農民に道具を貸して製品をつくらせ，それを買い取るのが問屋制家内工業。大商人が工場に農民らを雇って，分業で製品をつくらせるのが工場制手工業。
	日米和親条約 日米修好通商条約	**下田**と**函館**を開港したのが日米和親条約。神奈川など5港を開き，領事裁判権を認め，関税自主権がないのが日米修好通商条約。
	三・一独立運動 五・四運動	**朝鮮で起こった**，日本からの独立を求める運動が三・一独立運動。**中国で起こった**，反日・反帝国主義運動が五・四運動。
	五・一五事件 二・二六事件	海軍青年将校らが犬養毅首相を暗殺したのが五・一五事件。陸軍青年将校らが大臣などを殺傷したのが二・二六事件。
	国際連盟 国際連合	**第一次世界大戦後**につくられたのが国際連盟。**第二次世界大戦中**につくられたのが国際連合。
公民	団体交渉権 団体行動権	**労働組合**が使用者側と労働条件について交渉するのが団体交渉権。**労働者**が要求を実現するためにストライキなどを行うのが団体行動権。
	被告 被疑者 被告人	**民事裁判**で訴えられた人が被告。**刑事事件**で罪を犯した疑いのある人が被疑者。起訴された被疑者が被告人。
	クーリング・オフ 製造物責任法(PL法)	一定期間内であれば，消費者がその契約を無条件で解除できるのがクーリング・オフ。製品の欠陥で消費者が被害を受けたとき，企業に過失がなくても，企業に被害の救済を求めることができるのが製造物責任法（PL法）。
	金融政策 財政政策	**日本銀行**が行う景気調整政策が金融政策。**政府**が行う景気調整政策が財政政策。

アルファベット略称のまとめ

そっくりさんが多いんですね。

用語	分野	説明
エイペック APEC	地理・公民	**アジア太平洋経済協力**の略称。アジアや太平洋に面した国や地域による経済協定。
アセアン ASEAN	地理・公民	**東南アジア諸国連合**の略称。東南アジアの経済発展などを目指して結成。
イーシー EC	地理・歴史・公民	**ヨーロッパ共同体**の略称。ヨーロッパ州の経済的な結びつきを強めるために1967年に発足。1993年にEUに発展。
イーピーエー EPA	公民	**経済連携協定**の略称。FTAを拡大させ, 幅広い経済協力の強化を目指す協定。
イーユー EU	地理・歴史・公民	**ヨーロッパ連合**の略称。ヨーロッパ州の政治的・経済的な結びつきを強めるために結成。
エフティーエー FTA	公民	**自由貿易協定**の略称。関税の撤廃などによる自由貿易を推進させるための協定。
ジーエイチキュー GHQ	歴史	**連合国軍最高司令官総司令部**の略称。最高司令官はマッカーサー。
エヌジーオー NGO	地理・歴史・公民	**非政府組織**の略称。世界の教育, 医療, 環境, 貧困などの問題を解決するために国境を越えた活動をしている組織。
エヌピーオー NPO	歴史・公民	**非営利組織**の略称。教育, 医療, 福祉, 環境などの分野で支援活動をしている, 利益を目的としない組織。
エヌピーティー NPT	公民	**核拡散防止条約**の略称。1968年に締結。核保有国の拡大を防ぐため, 核を保有していない国へ核兵器を譲り渡すことや製造を支援することなどを禁止した。
オーディーエー ODA	公民	**政府開発援助**の略称。先進工業国の政府が発展途上国に対して行う援助。
オペック OPEC	地理	**石油輸出国機構**の略称。産油国の利益を守るために, 西アジアの産油国を中心に結成。
ピーケーオー PKO	公民	**平和維持活動**の略称。紛争がおこった地域での停戦や選挙の監視など, 平和維持のための活動をする国連の活動。
エスディージーズ SDGs	公民	**持続可能な開発目標**の略称。2015年に国連で採択された, 2016～2030年までの世界の国際目標。「貧困をなくそう」「飢餓をゼロに」など17の目標が示されている。
ユネスコ UNESCO	地理・公民	**国連教育科学文化機関**の略称。文化や教育の振興に取り組む国連の機関。
ユーエヌエイチシーアール UNHCR	公民	**国連難民高等弁務官事務所**の略称。
ユニセフ UNICEF	公民	**国連児童基金**の略称。主に発展途上国の子どもたちに対する支援をする国連の機関。
ユーエスエムシーエー USMCA	地理・公民	**米国・メキシコ・カナダ協定**の略称。NAFTA（北米自由貿易協定）に代わって2020年に新たに発効した協定。
ダブリュエイチオー WHO	公民	**世界保健機関**の略称。感染症などに対する保健政策を行う。
ダブリュティーオー WTO	公民	**世界貿易機関**の略称。各国の利害を調整し, 自由貿易を守るための国連の機関。

入試チャレンジテスト

社会

検査時間 40分

---

1 この冊子はテキスト本体からはぎとって使うことができます。

2 解答用紙は，この冊子の中心についています。

冊子の留め金から解答用紙をはずして，答えを記入することができます。

3 答えは，すべて解答用紙の指定されたところに記入しましょう。

4 問題は，5問で10ページです。

5 時間をはかって，制限時間内に問題を解きましょう。

6 問題を解く際にメモをするときは，この冊子の余白を使いましょう。

7 「解答と解説」の22ページで答え合わせをして，得点を書きましょう。

1 世界地理について，次の各問いに答えなさい。

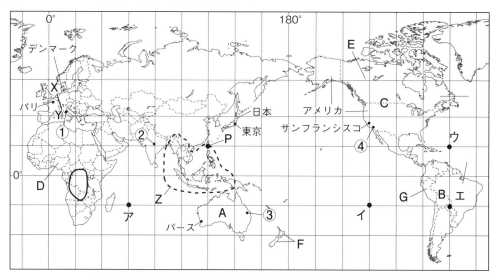

(1) 地図中のデンマークでよく見られる，乳牛を飼い，バターやチーズを生産する農業の名称を，次から1つ選びなさい。 　　　　　　　　　　　　　　　　　　　　　　　　（三重）

　　ア　遊牧　　　イ　混合農業　　　ウ　酪農　　　エ　地中海式農業

(2) 地図に示したX－Y間の断面図はどれか，次から1つ選びなさい。 　　　　　　　（三重）

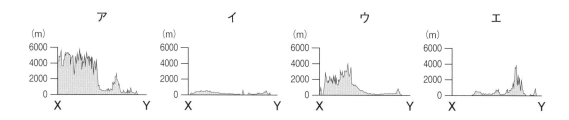

(3) 地図中の⬭で示した区域において，伝統的に，主食とするために栽培されている作物として最も適当なものを，次から1つ選びなさい。 　　　　　　　　　　　　　　　　（愛媛）

　　ア　いも類　　　イ　小麦　　　ウ　とうもろこし　　　エ　米

(4) 次の文は，地図中のZで囲んだ国々について述べたものである。文中の　　　　にあてはまる組織の名称を答えなさい。 　　　　　　　　　　　　　　　　　　　　　　　　（栃木）

> 　地域の安定と発展を求めて，1967年に　　　　　が設立され，経済，政治，安全保障などの分野で協力を進めている。

(5) 世界の3つの海洋（三大洋）のうち，A，B，Cの大陸が共通して面している海洋の名称を答えなさい。 　　　　　　　　　　　　　　　　　　　　　　　　　　　　　　（北海道）

(6) 地図中の日本とアメリカの農業について，ある班はメモを書いた。 _____ にあてはまることがらを，**表と資料**を参考にして，「農地」，「大型機械」という2つの語句を用いて，簡単に答えなさい。　（岐阜）

[ある班のメモ]
　日本とアメリカの農業経営を比べると，アメリカの農業の特色は，少ない労働力で _____ という，企業的な農業が主流となっていることである。

表　日本とアメリカの農業経営の比較

	日本	アメリカ
農民一人あたりの農地の面積（2012年）	3.7ha	169.6ha
農民一人あたりの機械の保有台数（2007年）	1.64台	1.77台

（「FAOSTAT」より）

資料　アメリカの大規模なかんがい農業

たくさんのスプリンクラーがついた，長さ400mのかんがい装置が散水しながら動く。

(7) ある生徒は，地図中に示した，パリ，パース，サンフランシスコの3つの都市の気温と降水量を調べ，次の**ア**～**ウ**のグラフをつくった。このうち，地中海性気候に属するサンフランシスコの気温と降水量を示すものを，**ア**～**ウ**から1つ選びなさい。　（埼玉）

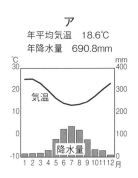
ア
年平均気温　18.6℃
年降水量　690.8mm

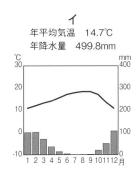
イ
年平均気温　14.7℃
年降水量　499.8mm

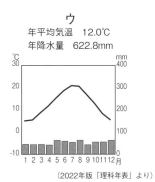
ウ
年平均気温　12.0℃
年降水量　622.8mm

（2022年版「理科年表」より）

(8) 地図中の①～④の都市を，東京との時差が小さい順に並べなさい。　（北海道）

(9) 地図中に示した**P**地点の，地球上の正反対にある地点の位置を地図中に表すと，地図中の**ア**～**エ**のうちのどれになるか。最も適当なものを1つ選びなさい。　（千葉）

(10) 次の文は，地図中の**D**～**G**の国のうち，いずれかの国の様子について述べたものである。この文はどの国について述べたものか。最も適当なものを，**D**～**G**から1つ選びなさい。　（千葉）

　この国は，主にイギリスからの移民によって国づくりが進められたが，先住民（先住民族）であるマオリの人々の文化と，移住してきた人々の子孫の文化の，両方を尊重する政策をとっている。農牧業では，羊の飼育がさかんである。

2 日本地理について，次の各問いに答えなさい。

(1) 次の文は，地図中の**X**と**Y**が示す島について述べたものである。文中の $\boxed{\text{I}}$，$\boxed{\text{II}}$ にあてはまる語句の組み合わせとして最も適当なものを，あとから1つ選びなさい。

（千葉）

> **X**は $\boxed{\text{I}}$ で，北方領土の一部である。また，**Y**は $\boxed{\text{II}}$ で，日本の国土の西端に位置している。

ア　I：色丹島（しこたん）　II：与那国島

イ　I：国後島（くなしり）　II：与那国島

ウ　I：色丹島　II：沖ノ鳥島

エ　I：国後島　II：沖ノ鳥島

(2) 日本では，自然や地形の特徴が主な要因となり，多くの自然災害が発生している。このことについて述べた次の文中の $\boxed{}$ にあてはまる自然現象の名称を答えなさい。　　　（佐賀）

> 地図中の**P**を震源として起こった東北地方太平洋沖地震（東日本大震災）では，海底が動いたことで海の水が押し上げられて $\boxed{}$ が発生し，特にリアス海岸が続く三陸海岸では大きな被害が発生した。

(3) 右のグラフは，地図中の成田国際空港と横浜港で扱った輸出品の，重量と金額を示している。成田国際空港と横浜港を比べると，それぞれで扱う輸出品の傾向には，違いがあると考えられている。グラフから読み取れる，成田国際空港で扱う輸出品の重量と金額の関係を，横浜港で扱う輸出品の重量と金額の関係との違いに着目して，簡単に答えなさい。　　　（静岡）

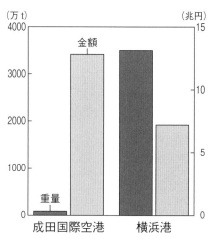

2021年の数値。横浜港の重量は2020年の数値。
（東京税関資料などより）

(4) 日本の人口について述べた次の文中の　a　, 　b　にあてはまる語句の組み合わせとして最も適当なものを，あとから１つ選びなさい。　　　　　　　　　　　　　　　（佐賀）

> 　地図中の東京・大阪・　a　の三大都市圏では，人口が集中しており，住宅不足や交通渋滞などが問題になっている。一方，農村や山村，離島では若い人の都市部への人口流出が進み，高齢者の割合が高くなって人々の生活を支えることが困難となる　b　が問題となっている。

ア　a－仙台　　b－過密　　　　イ　a－仙台　　b－過疎
ウ　a－名古屋　b－過密　　　　エ　a－名古屋　b－過疎

(5) 次のア～エのグラフは，それぞれ地図中に示した**あ～え**のいずれかの地点における月平均気温と月降水量の変化の様子を示している。これらのうち，**う**の地点のグラフとして最も適当なものを１つ選びなさい。　　　　　　　　　　　　　　　　　　　　　　　　　（千葉）

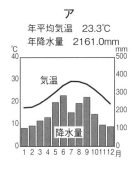
ア
年平均気温　23.3℃
年降水量　2161.0mm

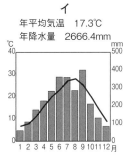
イ
年平均気温　17.3℃
年降水量　2666.4mm

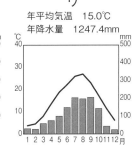
ウ
年平均気温　15.0℃
年降水量　1247.4mm

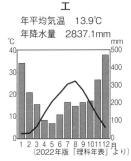
エ
年平均気温　13.9℃
年降水量　2837.1mm
（2022年版「理科年表」より）

(6) 地図中◯◯◯の地域にある本州四国連絡橋について，右の**資料１**から，1990年に通勤・通学者数が約３倍に増えていることがわかる。その理由を，**資料２**を参考に，橋が開通した利点に着目して答えなさい。また，**資料１**の推移に最も影響を与えたと思われるものを，次から１つ選びなさい。　　　　　　　　（富山）

ア　児島・坂出ルート（瀬戸大橋）
イ　神戸・鳴門ルート（明石海峡大橋，大鳴門橋）
ウ　尾道・今治ルート（瀬戸内しまなみ海道）

資料１　岡山県と香川県の間の１日当たりの通勤・通学者数の推移

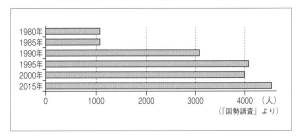
（「国勢調査」より）

資料２　岡山市と高松市の間を移動する際の交通手段と最短時間

1985年以前	1990年以降
岡山市 ↓↑鉄道又はバス又は自家用車 （フェリー） ↓↑鉄道又はバス又は自家用車 高松市 最短時間 2時間10分	岡山市 鉄道又はバス又は自家用車 高松市 最短時間 1時間13分

(7) 地図中の阿蘇山に見られる，火山の爆発や噴火による陥没などによってできた巨大なくぼ地のことを何といいますか。　（新潟）

3 近世までの日本について，右の年表を見て，次の各問いに答えなさい。

(1) 年表中の **A** について述べた次の文中の
▢に共通してあてはまる人物名を答えな
さい。　　　　　　　　　　　　　　　（埼玉）

> 壬申の乱に勝って即位した▢天皇は，
> 強力な支配のしくみをつくり上げていった。
> 日本で最初の銅の貨幣である富本銭は，
> ▢天皇のころにつくられた。

年代	主なできごと
672	壬申の乱がおこる……………………A
701	大宝律令が制定される………………B
710	平城京に都が移る……………………C
794	平安京に都が移る
	↕ D
1192	源頼朝が征夷大将軍に任命される
	↕ E
1404	勘合貿易が始まる……………………F
1588	刀狩令が出される……………………G
1774	「解体新書」が出版される…………H

(2) 年表中の **B** について，右
の **表1** は，10世紀につく
られた戸籍に登録された人
の，性別，年齢階級別の人
数を示している。**表2** は，
律令国家で定められた主な
税と，その負担者を示して
いる。**表1** の，男子の人数

表1

	男子（人）	女子（人）
16歳以下	4	0
17歳〜65歳	23	171
66歳以上	15	137

注「延喜二年阿波国戸籍」により作成

表2

税	負担者
租	6歳以上の男女
調	17〜65歳の男子
庸	21〜65歳の男子
雑徭（ぞうよう）	17〜65歳の男子

と女子の人数に大きな差が見られることから，性別のいつわりが行われていたと考えられる。
表2 をもとにして，人々が性別をいつわった理由を，簡単に答えなさい。　　　　　（静岡）

(3) 年表中の **C** について，次の文は，平城京について述べたものである。文中の　**X**　，
　Y　にあてはまるものの組み合わせとして最も適当なものを，1つ選びなさい。　（千葉）

> 平城京は，710年に　**X**　の都の長安にならった，律令国家の新しい都としてつくられた。
> この都を中心に政治が行われた約　**Y**　年間を奈良時代という。

ア　X：唐　Y：80　　　イ　X：隋　Y：80

ウ　X：唐　Y：60　　　エ　X：隋　Y：60

(4) 年表中の **D** の時期について，平安京が都とされてから鎌倉幕府が成立するまでの，平安時
代のできごとについて述べた文を次から1つ選びなさい。　　　　　　　　　　　　（三重）

　ア　奥州藤原氏によって，平泉に中尊寺金色堂が建設された。
　イ　聖武天皇（しょうむてんのう）によって，東大寺が建てられ，大仏がつくられた。
　ウ　運慶（うんけい）らによって，東大寺南大門の金剛力士像が制作された。
　エ　観阿弥（かんあみ）・世阿弥（ぜあみ）によって，能が大成された。

入試チャレンジテスト 社会

テスト冊子から
はずして使える
よ。

解答用紙

1

(1)		(2)	
(3)		(4)	
(5)			
(6)			
(7)			
(8)	→ → →		
(9)		(10)	

2

(1)		(2)	
(3)			
(4)		(5)	
(6)	理由		
	記号		
(7)			

3

(1)	天皇	
(2)		
(3)		(4)	
(5)		(6)	

3	(7)				
	(8)	①		②	

4	(1)					
	(2)	①				
		②				
	(3)	①		②		③
	(4)	① 時期			できごと	
		②	→		→	→

5	(1)	① A		B	
		②			
		③ P	官	Q	
		④ X		Y	
	(2)	① A			
			B		
		②			
		③			
		④	⑤		⑥

(5) 年表中のEの時期について，13世紀にききんや地震が相次いだことから，人々は仏教に新たな救いを求めるようになった。この時代に成立した仏教についての説明として誤っているものを，次から1つ選びなさい。 (沖縄)

ア 法然は，ひたすらに念仏を唱えれば，極楽浄土に往生できるとした。

イ 栄西や道元が伝えた禅宗は，主に公家の間に広まっていった。

ウ 一遍は踊り念仏を行って各地へ布教し，時宗を開いた。

エ 日蓮は，「南無妙法蓮華経」を唱えれば，人も国家も安らかになると説いた。

(6) 年表中のFについて述べた次の文中の $\boxed{\text{Ⅰ}}$，$\boxed{\text{Ⅱ}}$ にあてはまる語句の組み合わせとして適切なものを，あとから1つ選びなさい。 (兵庫)

> このころ東アジアでは，朝鮮半島や中国東部の沿岸部を海賊行為で荒らしていた $\boxed{\text{Ⅰ}}$ の取り締まりが課題となっていたので，正式な貿易船に勘合を持たせる日中間の貿易が，$\boxed{\text{Ⅱ}}$ 時代に行われた。

ア Ⅰ 倭寇 Ⅱ 鎌倉 　　イ Ⅰ 元寇 Ⅱ 鎌倉

ウ Ⅰ 倭寇 Ⅱ 室町 　　エ Ⅰ 元寇 Ⅱ 室町

(7) 年表中のGについて，豊臣秀吉が命じた法令の内容として正しいものを，次から1つ選びなさい。 (熊本)

ア 日本人の海外渡航と海外からの帰国を禁止する。

イ 百姓の所有する田畑の売買を禁止する。

ウ 百姓が武器を持つことを禁止する。

エ 大名が届け出なしに城を修理することを禁止する。

(8) 年表中のHについて，次の問いに答えなさい。

① 資料は，江戸時代後期に杉田玄白らが出版した，「解体新書」の扉絵である。「解体新書」の出版以降に本格的に広まった，ヨーロッパの学術や文化を研究する学問は何とよばれるか。その名称を答えなさい。 (静岡)

資料

② このころ幕府の政治を主導していた田沼意次が行った政策として最も適当なものを，次から1つ選びなさい。 (熊本)

ア 商工業者の株仲間を解散させた。

イ 長崎での貿易を活発にするために海産物の輸出を促した。

ウ 禁止していたヨーロッパの書物の輸入を緩和した。

エ ききんに備えて各地に米を蓄えさせた。

4 近現代の日本と世界についてまとめた次のテーマについて，あとの各問いに答えなさい。

> A：「開国と江戸幕府の滅亡」　　　　　　　B：「明治維新と憲法の制定」
>
> C：「第一次世界大戦と世界恐慌」　　　　　D：「戦後の民主化政策」

(1)　Aのテーマについて，外国との自由な貿易では，開国後，次のグラフのように，日本の貿易額に占めるアメリカの割合は低くなった。その原因となった**年表**中の＿＿＿にあてはまるできごとを，あとから1つ選びなさい。　　　　　　　　　　　　　　　　　　　　　　　　　　　　　　（岐阜）

貿易相手国と貿易額の割合の変化

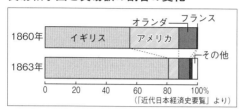

（「近代日本経済史要覧」より）

年表

年	できごと
1854	日米和親条約を結ぶ
1858	日米修好通商条約を結ぶ
1861	＿＿＿が始まる

ア　アメリカ南北戦争　　イ　アヘン戦争　　ウ　アメリカの独立戦争　　エ　ベトナム戦争

(2)　Bのテーマについて，次の問いに答えなさい。

①　地租改正によって税のかけ方と税の納め方はどのように変わったか。次の文中の＿＿＿＿＿にあてはまることがらを，「基準にして」，「土地の所有者」という2つの語句を用いて，簡単に答えなさい。　　　　　　　　　（岐阜）

> 政府は，国家の財政を安定させるために，1873年から地租改正を実施した。これまで収穫高を基準にして税をかけ，主に農民が米で税を納めていたが，この改革により，資料のような地券を発行し，＿＿＿＿＿こととした。

②　大日本帝国憲法で定められたことを，次から1つ選びなさい。　　　　　　　　　（三重）

ア　天皇は，日本国・日本国民統合の象徴とされた。

イ　予算や法律の成立には，議会の同意が必要とされた。

ウ　基本的人権は，永久の権利として保障された。

エ　首長と議員は，住民の選挙によって選ばれるとされた。

(3)　Cのテーマについて，次の問いに答えなさい。

①　第一次世界大戦はオーストリアの皇位継承者夫妻が殺害されたことをきっかけに始まり，ドイツが連合国と休戦条約を結んだことで終わった。第一次世界大戦の期間中のできごとを，次から1つ選びなさい。　　　　　　　　　　　　　　　　　　　　　　　　　　　　（静岡）

ア　日本は国際連盟から脱退した。　　　　イ　日本が韓国を併合した。

ウ　日本が中国に二十一か条の要求を示した。　　エ　日本は日独伊三国同盟を結んだ。

② 右の**テーマ**について調べると，日本の国民の政治的自覚の高まりがみられたことがわかった。次の文は，第一次世界大戦中の日本の様子について述べたものである。文中の　X　，　Y　にあてはまる語句の組み合わせとして，最も適当なものを，あとから1つ選びなさい。　　　　　　　　　　　　　　（新潟）

テーマ

第一次世界大戦前後に，日本の社会はどのように変化したのだろうか。

　　X　を当てこんだ米の買い占めなどにより米騒動が起こると，軍人出身の寺内正毅首相は責任をとって辞職した。その後，立憲政友会の　Y　が，初めての本格的な政党内閣を組織した。

ア　X　満州事変　Y　伊藤博文（いとうひろぶみ）　　　　**イ**　X　満州事変　Y　原敬（はらたかし）

ウ　X　シベリア出兵　Y　伊藤博文　　　　**エ**　X　シベリア出兵　Y　原敬

③ 世界恐慌に対処するため，イギリスなどが実施した，本国と植民地との間で経済圏をつくり，高い税をかけて外国の商品をしめ出す政策を何といいますか。　　　　　　　　　　（山口）

(4) **D**のテーマについて，次の問いに答えなさい。

① ある班は，戦後の民主化政策で選挙権年齢が引き下げられたことについて知り，全人口に占める有権者数の割合の推移に着目して調べた。右の**グラフ**は，衆議院議員選挙における，全人口に占める有権者数の割合の推移をある班が示したものである。日本で選挙権年齢が20歳以上に引き下げられたのはどの時期か，**グラフ**中の**A〜E**から1つ選びなさい。また，日本で，納税額による選挙権の制限が廃止されてから女性に選挙権が認められるまでの間に起こったできごととして最も適当なものを，次から1つ選びなさい。　　　　　　　　　　　　（京都改）

グラフ　全人口に占める有権者数の割合

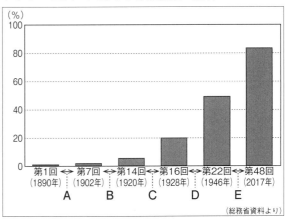

（総務省資料より）

ア　五・一五事件　　　　**イ**　学制の発布

ウ　教育勅語の発布　　　　**エ**　男女雇用機会均等法の制定

② 次の**ア〜エ**は，戦後改革が始まった1940年代以降に起こったできごとである。**ア〜エ**を年代の古いものから順に並べ，記号を答えなさい。　　　　　　　　　　（千葉）

ア　日韓基本条約が結ばれた。　　　　**イ**　東西ドイツが統一された。

ウ　香港が中国に返還された。　　　　**エ**　アジア・アフリカ会議が開かれた。

5 次の各問いに答えなさい。

(1) 日本国憲法と日本の政治について，次の問いに答えなさい。

① 平和主義について書かれた次の文は日本国憲法第9条の条文の一部である。**A**，**B**について（　）の**ア**，**イ**から適切なものをそれぞれ選びなさい。　　　　　　　（富山）

> 陸海空軍その他の**A**（**ア**　武力　**イ**　戦力）は，これを保持しない。
> 国の**B**（**ア**　交戦権　**イ**　自衛権）は，これを認めない。

② 次の文は，右の**資料**の条文に関連して，国会の働きの一つについて述べたものである。文章中の　**X**　，　**Y**　にあてはまる語句の組み合わせとして最も適当なものを，あとから1つ選びなさい。　　（愛知B）

資料

> 第41条　国会は，国権の最高機関であって，国の唯一の立法機関である。

> 国会は国の予算についての審議・議決を行う。予算とは国民が納めた税金などの国の収入を　**X**　であり，その原案は　**Y**　が作成する。

ア　X　どのように使うかの見積もり　　Y　予算委員会
イ　X　どのように使うかの見積もり　　Y　内閣
ウ　X　どのように使ったかの報告　　　Y　予算委員会
エ　X　どのように使ったかの報告　　　Y　内閣

③ 裁判に関連して，ある生徒は，刑事裁判について調べ，次のようにまとめた。文中の　**P**　と　**Q**　にあてはまる語句を，それぞれ答えなさい。　　（埼玉）

> 　殺人や傷害などの事件が起こると，警察が捜査し被疑者を逮捕したあと，　**P**　官が警察官の協力を得て取り調べを行います。　**P**　官は，罪を犯した疑いが確実で，罰したほうがよいと判断すると，被疑者を起訴し，刑事裁判が行われます。
> 　重大な犯罪の疑いで起訴された事件の第一審は，　**Q**　制度の対象となります。原則として国民から選ばれた6人の　**Q**　と3人の裁判官が一つの事件を担当し，被告人が有罪か無罪か，有罪の場合はどのような刑罰にするかを決めます。

④ 次の文の**X**，**Y**の｜　｜にあてはまる語句を，**ア**，**イ**からそれぞれ選びなさい。

（北海道）

> 地方自治で住民に認められている，直接請求権の一つに，**X**｜**ア**　条例　**イ**　法律｜の制定及び改廃の請求があり，その請求先は，**Y**｜**ア**　首長　**イ**　議員｜である。

(2) 私たちの経済と国際社会について、次の各問いに答えなさい。

① 右の**資料**は、市場経済における一般的な商品の、価格に対する需要量と供給量を表したものであり、**資料**中の曲線**X**、**Y**は、それぞれ需要曲線、供給曲線のいずれかにあたる。**資料**について述べた次の文の**A**の｜ ｜の中から適当なものを1つ選びなさい。また、[B]に適当な言葉を書き入れて文を完成させなさい。ただし、Bには需要量、供給量の2つの語句を含めること。 (愛媛)

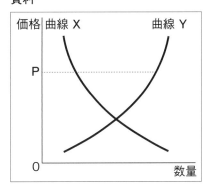

資料

> 資料において、曲線**X**は、A｜ア 需要曲線　イ 供給曲線｜に当たる。市場価格がPのとき、やがて、市場価格は、Pより下がり、[B]状態となるような価格に落ち着いていく。

② 労働者は使用者に対して弱い立場にあることから、労働三法などによって労働者の権利が保障されている。労働三法のうち、使用者が最低限守るべき、賃金、休日、労働時間などの労働条件について定めた法律は何とよばれるか、答えなさい。 (静岡)

③ 次の文は、現在の金融政策の主な方法である公開市場操作について述べたものである。文中の[　　　　　]にあてはまる適当なことばを、「国債」「量」の2つの語句を用いて15字以上20字以内（読点を含む。）で答えなさい。 (千葉)

> 中央銀行である日本銀行は、一般の銀行などとの間で、[　　　　　]を増減させることで、景気や物価の安定をはかっている。

④ 国民の税負担を公平にするためにさまざまな税金の制度がある。この制度の1つである累進課税について正しく述べたものを、次から1つ選びなさい。 (栃木)

　ア 高所得者ほど、高い税率が適用される。

　イ 景気に左右されず、一定の税収が見込める。

　ウ 生鮮食品に対して、税率が軽減される。

　エ 所得が少ない人ほど、税負担の割合が高い。

⑤ 日本の社会保障制度のしくみにおいて、国民年金などの年金制度が含まれるものとして、最も適当なものを、次から1つ選びなさい。 (新潟)

　ア 公衆衛生　　イ 公的扶助　　ウ 社会福祉　　エ 社会保険

⑥ 国際連合において、子どもの権利条約にもとづき、子どもがすこやかに育つ環境を確保するために活動する機関の名称を次から1つ選びなさい。 (山口)

　ア ＵＮＨＣＲ　　イ ＵＮＩＣＥＦ　　ウ ＷＨＯ　　エ ＷＴＯ

コーチと入試対策！

10日間 完成

中学3年間の総仕上げ

社会

解答と解説

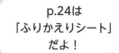
p.24は
「ふりかえりシート」
だよ！

「解答と解説」は
取りはずして使おう！

要点 を確認しよう　　p.6〜7

1 ①ユーラシア　②大西洋　③オセアニア州　④ロシア　⑤バチカン市国　⑥内陸国
　　⑦島国　⑧国境　⑨赤道　⑩本初子午線　⑪地球儀　⑫球体

問題 を解こう　　p.8〜9

1 (1)インド洋はユーラシア大陸の南，アフリカ大陸の東に広がる海洋。

(2)アフリカ大陸には，かつてヨーロッパ諸国の植民地にされていたときに，ヨーロッパ諸国が緯線や経線などに基づいて引いた境界線を現在の国境にしている国が多い。そのため，直線的な国境線をもつ国が見られる。

(3)Dはユーラシア大陸。

(4)Eはタイ。アには中国や日本など，イにはインドやパキスタンなど，エにはカザフスタンやウズベキスタンなどが属する。

(5)⚠**注意** 0度の緯線である赤道と，0度の経線である本初子午線を基準に考える。Fの地点は赤道より南なので南緯，本初子午線より西なので西経に位置する。

2 (1)三大洋は太平洋，大西洋，インド洋の順に面積が大きい。

(2)赤道はアフリカ大陸の中部や南アメリカ大陸の北部などを通る。

(3)地図の上が北。東京から見てシンガポールは左下に位置することから南西。

(4)ブラジリア，ブエノスアイレス，ナイロビの3つ。

(5)ユーラシア大陸→南アメリカ大陸→南極大陸→オーストラリア大陸の順に通過する。

---

1 右の地図を見て，次の各問いに答えなさい。　5点×6(30点)

(1) 地図1中の**A**の大陸名，**B**の海洋名をそれぞれ答えなさい。

A（ アフリカ大陸 ）
B（ インド洋 ）

(2) 右の地図2は，地図1中の**C**の国を拡大して示している。地図2中の**X**の部分の国境線は何をもとに定められたか。次から1つ選びなさい。

ア　緯線　　イ　経線　　ウ　山脈　　エ　河川　　　　（ イ ）

(3) 地図1中の**D**の大陸は，アジア州と_____州からなる。_____にあてはまる州名を答えなさい。
　　　　　　　　　　　　　　　　　　　　　　　　　（ ヨーロッパ ）

(4) アジア州を細かく区分したとき，地図1中の**E**の国が属する地域を，次から1つ選びなさい。　　　　　　　　　　　　　　　　　　　　　　　　（ ウ ）

ア　東アジア　　イ　南アジア　　ウ　東南アジア　　エ　中央アジア

(5) 地図1中の**F**の地点の緯度と経度の組み合わせを，次から1つ選びなさい。（ エ ）

ア　北緯40度，東経60度　　　　イ　北緯40度，西経160度
ウ　南緯40度，東経60度　　　　エ　南緯40度，西経160度

---

2 右の東京からの距離と方位が正しい地図を見て，次の各問いに答えなさい。　5点×5(25点)

(1) 三大洋のうち，面積が最も大きい地図中の**A**の海洋名を答えなさい。（ 太平洋 ）

(2) 赤道にあてはまるものを，地図中の**ア〜エ**から1つ選びなさい。（ ウ ）

(3) 地図中の東京からみてシンガポールはどの方位に位置しているか。八方位で答えなさい。（ 南西 ）

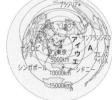

(4) 地図中に示した都市のうち，東京から10000km以上離れている都市はいくつあるか。数字で答えなさい。（ 3 つ）

(5) 地図中の東京から↑の方向に真っ直ぐ進み，1周して再び東京に戻ってくるとしたとき，2番目に通過する大陸を何といいますか。（ 南アメリカ大陸 ）

ポイント

緯線と経線

緯線…赤道を基準に北を北緯，南を南緯で表す。

経線…本初子午線を基準に東を東経，西を西経で表す。

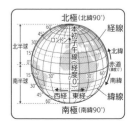

❷ ⑬ 1　⑭ 135　⑮領空　⑯排他的経済水域　⑰北方領土　⑱竹島　⑲県庁所在地　⑳関東
⑳中国・四国

3 右の地図を見て，次の各問いに答えなさい。

5点×3，⑷は10点(25点)

(1) 日本と同経度に国土の大部分が位置する国を，次から1つ選びなさい。　（　ア　）

ア　オーストラリア　イ　トルコ
ウ　スペイン　　　　エ　イラン

(2) 地図中の東京と，パリの時差は何時間か。数字で答えなさい。なお，東京は東経135度の経線，パリは東経15度の経線を標準時子午線としており，サマータイムは考えないものとします。
（　8　時間）

(3) 地図中の**A**で示した日本最北端の島を，次から1つ選びなさい。　（　イ　）

ア　与那国島　イ　択捉島　ウ　沖ノ鳥島　エ　南鳥島

(4) 地図中の▨▨は，日本の排他的経済水域の範囲を示している。排他的経済水域とはどのような水域か。簡単に答えなさい。
（　(例)水産資源や鉱産資源が沿岸国のものとなる水域。　）

4 右の地図を見て，次の各問いに答えなさい。

4点×5(20点)

(1) 地図中の宮城県の県庁所在地名を答えなさい。
（　仙台市　）

(2) 地図中の**A**の地方や**A**の地方の県について述べた文として正しいものを，次から1つ選びなさい。
（　エ　）

ア　東北地方の3県と県境を接している。
イ　富山県は関東地方の都県と県境を接している。
ウ　長野県は県名と県庁所在地名が異なっている。
エ　静岡県と愛知県は太平洋に面している。

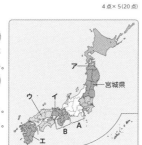

(3) 地図中の**B**の地方名を答えなさい。
（　近畿地方　）

(4) 地図中の▨▨の県名に共通して使われている漢字1字を答えなさい。（　川　）

(5) 広島県の位置を，地図中の**ア〜エ**から1つ選びなさい。（　ウ　）

領土をめぐる問題

北方領土	ロシアが不法に占拠
竹島	韓国が不法に占拠
尖閣諸島	中国や台湾が領有権を主張

3 (1)同経度とは東西の範囲が同じこと。イ・ウ・エは日本と同緯度に位置する国。

(2) ⚠注意 時差は経度差÷15で求められる。東京とパリの経度差は135−15＝120度。よって時差は120÷15＝8時間となる。

(3)択捉島は国後島，色丹島，歯舞群島とともに北方領土を構成する島の一つ。現在はロシアに不法に占拠されている。なお，アは日本の最西端の島，ウは最南端の島，エは最東端の島。

(4)水産資源は魚介類や海そうなどの資源，鉱産資源は石油や石炭などの工業原料やエネルギー源となる鉱物のこと。水産資源や鉱産資源が沿岸国のものとなることが書かれていれば可。日本は沖ノ鳥島や南鳥島などの離島が多いことから，排他的経済水域が国土面積の10倍以上もある。

4 (2)Aは中部地方。ア…東北地方の山形県，福島県の2県と県境を接している。イ…富山県は関東地方の都県と県境を接していない。ウ…中部地方の県で県名と県庁所在地名が異なる県は山梨県，石川県，愛知県。

(4)対象の県は神奈川県，石川県，香川県。

(5)アは青森県，イは兵庫県，エは宮崎県。

世界の生活と環境・世界の諸地域

要点 を確認しよう　**p.10～11**

1　①タイガ　②遊牧　③熱帯　④イスラム教

2　⑤季節風　⑥プランテーション　⑦経済特区　⑧ASEAN

3　⑨偏西風　⑩フィヨルド　⑪EU

問題 を解こう　**p.12～13**

1 (1)温暖で夏の降水量が少ないことに着目し，地中海性気候に属するアと判断する。イは乾燥帯，ウは熱帯，エは寒帯に属する都市。

(2)Aはフランス，Dはアルゼンチン。キリスト教はヨーロッパ州や南北アメリカ州などで信仰がさかん。

(3)**参考** オアシスでは，乾燥に強い小麦やなつめやしなどの栽培が行われている。

(4)Cはシベリア。亜寒帯（冷帯）は冬の寒さが厳しく，夏と冬の気温差が大きいという特色がある。

2 (1)アジア州には世界の中でも人口が多い中国やインドが位置し，世界の総人口の約6割が暮らしている。

(2)Aはイラン。西アジアの産油国が中心となって産油国の利益を守るため石油輸出国機構（OPEC）が結成されている。

(3)ガンジス川はインドで信仰がさかんなヒンドゥー教徒が沐浴をする川として有名。

(4)Dは長江。アは黄河の中下流域，ウは中国の西部でさかん。

(5)米や野菜などの農産物中心から，機械類や自動車などの工業製品中心に変化したことが書かれていれば可。

---

1 右の地図を見て，次の各問いに答えなさい。　6点×4（24点）

(1) 右のグラフにあてはまる都市を，地図中のア～エから1つ選びなさい。
（　**ア**　）

(2) 地図中のAやDの国の国民の大半が信仰している宗教名を答えなさい。
（　**キリスト教**　）

(3) 地図中のBの地域では，わき出る地下水などによって水を得やすい場所がある。このような場所の名称をカタカナで答えなさい。
（　**オアシス**　）

(4) 世界の5つの気候帯のうち，地図中のCの地域が属する気候帯名を答えなさい。
（　**亜寒帯〔冷帯〕**　）

2 右の地図を見て，次の各問いに答えなさい。　⑸は6点，他4点×5（26点）

(1) 右の表は，世界の総人口とアジア州の人口を示している。世界の総人口に占めるアジア州の人口の割合は約何%か。答えなさい。
（　約　**59**　%　）

	人口（億人）
世界	78
アジア州	46

（2020年）
（2020/21年版「世界国勢図会」）

(2) 地図中のAの国が面しているペルシア湾で最も産出がさかんな鉱産資源を答えなさい。
（　**石油（原油）**　）

(3) 地図中のBの山脈名，Cの河川名をそれぞれ答えなさい。
B（　**ヒマラヤ山脈**　）　C（　**ガンジス川**　）

(4) 地図中のDの流域でさかんな農業を，次から1つ選びなさい。
（　**イ**　）
ア　畑作　イ　稲作　ウ　牧畜

(5) 右のグラフは，地図中のEの国の輸出品の変化を示している。Eの国の輸出品に見られる変化の特色を，「中心」の語句を用いて簡単に答えなさい。
（例）農産物中心から工業製品中心へと変化している。

（2021/22年版「世界国勢図会」ほかより）

ポイント

三大宗教と信仰がさかんな地域，習慣やきまり

宗教	信仰がさかんな地域	習慣やきまり
キリスト教	ヨーロッパ州，南北アメリカ州，オセアニア州	日曜日に教会で祈る。
イスラム教	西アジア，中央アジア，アフリカ州北部	聖地メッカに向かって1日5回祈る。
仏教	東アジア，東南アジア	托鉢をする。

④ ⑫サハラ砂漠　⑬カカオ　⑭モノカルチャー経済
⑤ ⑮ヒスパニック　⑯適地適作　⑰シリコンバレー
⑥ ⑱アマゾン川　⑲バイオ燃料　⑦ ⑳サンゴ礁　㉑アボリジニ

---

3 右の地図を見て，次の各問いに答えなさい。

(3)は完答。(5)は5点。4点×5 (25点)

(1) 地図中の**A**の暖流名を答えなさい。
（ 北大西洋海流 ）

(2) 地図中の**B**の海の沿岸で夏に栽培がさかんな農作物を，次から1つ選びなさい。（ ウ ）
ア カカオ　イ 小麦　ウ ぶどう　エ 米

(3) 地図中の**C**の国が加盟するEUでは，□**X**□ヨーロッパ諸国より□**Y**□ヨーロッパ諸国の方が一人あたりの国民総所得が高い傾向にあり，加盟国間の経済格差が課題である。**X**・**Y**にあてはまる四方位を答えなさい。
X（ 東 ）**Y**（ 西 ）

(4) 地図中の**D**の河川名を答えなさい。（ ナイル川 ）

(5) 地図中の**E**の国で見られるモノカルチャー経済とはどのような経済か。「依存」の語句を用いて簡単に答えなさい。
（ （例）特定の農産物や鉱産資源の輸出に依存した経済。 ）

(6) 地図中のマンガンやコバルトのように，世界的に埋蔵量が非常に少なく，経済的・技術的に採掘が困難な金属をまとめて何といいますか。（ レアメタル〔希少金属〕 ）

◎マンガン
◆コバルト

---

4 右の地図を見て，次の各問いに答えなさい。

5点×5 (25点)

(1) 地図中の▲，□で産出される鉱産資源を，次からそれぞれ選びなさい。
▲（ ア ）□（ エ ）
ア 鉄鉱石　イ 石油　ウ 銅　エ 石炭

(2) 地図中の**A**の国の貿易相手国の割合を示した右下のグラフ中の**X**にあてはまる国名を答えなさい。（ 中国 ）

(3) 地図中の**B**の国の北緯37度以南の工業が発達している地域を何といいますか。（ サンベルト ）

(4) 小麦の栽培がさかんな地域を地図中の**ア**〜**エ**から1つ選びなさい。（ イ ）

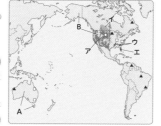

Aの貿易相手国

	アメリカ合衆国			インド 3.4	
2018年合計4883億ドル	X 29.8%	日本12.0	韓国 5.7	その他42.1	

（UN Comtradeより）

実力アップ！

経済大国に対抗するため，ヨーロッパ各国はEUを結成した。右のグラフから，EUのGDPは日本の3倍以上であることが読み取れる。

EU・アメリカ合衆国・日本の人口・面積・GDPの比較

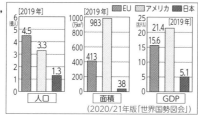

■EU ■アメリカ ■日本

[2019年] 人口 4.5　3.3　1.3
[2019年] 面積 983　413　38
[2019年] GDP 21.4　15.6　5.1

（2020/21年版「世界国勢図会」）

---

3 (1)ヨーロッパ西部は暖流の北大西洋海流の上空をふく偏西風の影響で高緯度のわりに温暖な気候となっている。

(2)**B**の地中海沿岸では，乾燥する夏にぶどうやオリーブなど，雨の降る冬に小麦を栽培する地中海式農業がさかん。

(3)EU（ヨーロッパ連合）加盟国間では経済格差が課題となっており，EUは経済的に貧しい加盟国に対し援助をしている。

(5)**E**はナイジェリア。特定の農産物や鉱産資源の輸出に依存した経済であることが書かれていれば可。モノカルチャー経済の国は，輸出している農産物や鉱産資源の国際価格の上下で，経済が不安定になりやすい。

(6)レアメタル（希少金属）はスマートフォンやパソコンなどの電子機器に多く使用されており，需要が高まっている。

4 (1)**⚠注意** ▲はオーストラリアの北西部やブラジルなどに，□はオーストラリアの東部やアメリカ合衆国の東部などに分布していることから判断する。

(2)近年オーストラリアでは，アジア州との貿易が増えている。

(4)アは肉牛の放牧，ウは綿花の栽培，エはオレンジなどの果樹栽培がさかん。

要点 を確認しよう　p.14～15

1 ①扇状地　②親潮　③温暖湿潤気候　④ハザードマップ

2 ⑤人口ピラミッド　⑥少子高齢　⑦過密

3 ⑧石油　⑨再生可能エネルギー　⑩太平洋ベルト　⑪産業の空洞化　⑫海上

問題 を解こう　p.16～17

1 (1) ☆重要　冬の降水量が多いことに着目し，日本海側の気候に属するイと判断する。アは北海道の気候，ウは瀬戸内の気候，エは南西諸島の気候に属する都市。

(2)西から飛騨山脈，木曽山脈，赤石山脈が位置する。

(3)山間部から河川によって運ばれてきた土砂が平地に出たところに堆積してできた扇状地と混同しないように注意する。

2 (1)年少人口の割合が低く老年人口の割合が高いつぼ型の人口ピラミッドであることから判断する。

(2)人口密度は人口÷面積で求めることができる。

(3)ウは人口の減少により地域社会の維持が困難な過疎地域で起こりやすい問題の１つ。過密地域ではほかに，大気汚染やごみ処理の問題などが起こりやすい。

3 (1)日本の発電エネルギーは火力発電に依存している。2011年の東日本大震災の福島第一原発事故以降，原子力発電の割合は大きく低下している。Yには水力発電があてはまる。

(2)「原料の輸入と工業製品の輸出に便利であること」あるいは「工業製品の原料の輸入に便利であること」が書かれていれば可。

---

1 右の地図を見て，次の各問いに答えなさい。　5点×4（20点）

(1) 右のグラフは，地図中の**ア～エ**のいずれかの都市の気温と降水量を示している。あてはまる都市を１つ選びなさい。　（　**イ**　）

(2) 地図中の**A**は，標高3000m級の山々が連なる3つの山脈を示している。これら3つの山脈はまとめて何とよばれていますか。　（　日本アルプス　）

(3) 地図中の**B**の都市は，河川によって運ばれてきた土砂が河口付近に堆積してできた地形の上に形成されている。このような地形を何といいますか。　（　三角州　）

(4) 地震や津波などの災害に備えて地方公共団体が作成している，災害の被害予測や避難場所などを示した地図を何といいますか。　（　ハザードマップ〔防災マップ〕　）

2 次の各問いに答えなさい。　5点×3（15点）

(1) 右の日本の人口ピラミッドがあてはまる年代を，次から1つ選びなさい。　（　**ウ**　）

　ア 1935年　**イ** 1960年　**ウ** 2020年

(2) 2020年における日本の総人口は約1億2600万人，国土面積が約38万k㎡であるとき，日本の人口密度は約何人/k㎡か。小数点第一位を四捨五入して数字で答えなさい。

　（　約　332　人/k㎡　）

(3) 過密地域で起こりやすい問題として適切でないものを，次から1つ選びなさい。

　ア 交通渋滞　**イ** 土地の価格の上昇　**ウ** 鉄道やバス路線の廃止　（　**ウ**　）

（2021/22年版「日本国勢図会」より）

3 次の各問いに答えなさい。　(1)は完答，(1)は7点，(2)は8点（15点）

(1) 右のグラフは，日本の発電方法別発電量の割合を示している。火力発電と原子力発電にあてはまるものをそれぞれ選びなさい。

　火力（　**X**　）　原子力（　**Z**　）

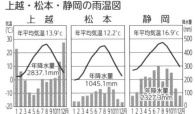

計9708億kWh　X 81.7%　Y 8.9　Z 6.3　その他 3.1

（2019年）（2021/22年版「日本国勢図会」より）

(2) 日本の工業地帯や工業地域が臨海部に集中している理由を，「原料」「工業製品」の語句を用いて簡単に答えなさい。

　（　（例）原料の輸入と工業製品の輸出に便利だから。　）

ポイント

日本海側の気候…冬の降水量が多い。
中央高地（内陸）の気候…一年中降水量が少ない。
太平洋側の気候…夏の降水量が多い。

上越・松本・静岡の雨温図

上越	松本	静岡
年平均気温13.9℃	年平均気温12.2℃	年平均気温16.9℃
年降水量 2837.1mm	年降水量 1045.1mm	年降水量 2327.3mm

（令和4年版「理科年表」）

④ ⑬カルデラ　⑭琵琶湖　⑮促成栽培　⑯石油化学コンビナート　⑰町おこし
⑤ ⑱リアス海岸　⑲東海工業地域　⑳近郊農業　㉑酪農

---

4 右の地図を見て，次の各問いに答えなさい。　　6点×3 (18点)

(1) 地図中の**A**の県について述べた文を，次から
1つ選びなさい。
（　エ　）

ア 明治時代に八幡製鉄所が建設された。

イ 有明海でのりの養殖がさかんである。

ウ 温泉の源泉数が多い。

エ 野菜の促成栽培がさかんである。

(2) 本州四国連絡橋の1つである地図中の**B**の瀬戸大橋で結ばれている県の組み合わせを，
次から1つ選びなさい。
（　エ　）

ア 広島県・愛媛県　**イ** 広島県・高知県

ウ 岡山県・徳島県　**エ** 岡山県・香川県

(3) 地図中の**C**の工業地帯を何といいますか。
（　阪神工業地帯　）

5 右の地図を見て，次の各問いに答えなさい。
⑵は8点，他6点×4 (32点)

(1) ①メガネフレームの生産が地場産業の県，
②竿燈まつりが行われている県を，地図中の
ア〜オから1つずつ選びなさい。
①（　オ　）②（　ア　）

(2) 右の表は，地図中の埼玉県，千葉県，東京
都，神奈川県の昼間人口と夜間人口を示して
いる。東京都の昼間人口が夜間人口より多い
理由を，「通勤・通学者」の語句を用いて簡
単に答えなさい。
（　（例）周辺の県からの通勤・通学者が多いから。　）

(3) 地図中の　　は，ある農作物の収穫量の多い上位
5県を示している。この農作物は何か，次から1つ選
びなさい。
（　ア　）

ア りんご　**イ** なす　**ウ** レタス

(4) 日本有数の稲作地帯となっている地図中の**A**の平野
名を答えなさい。
（　石狩平野　）

	昼間人口（千人）	夜間人口（千人）
埼玉県	6456	7267
千葉県	5582	6223
東京都	15920	13515
神奈川県	8323	9126

(2015年)
(2022年版「データでみる県勢」)

---

4 (1) **A**の県は宮崎県。宮崎県では温
暖な気候をいかしてきゅうりなど
の野菜の出荷時期を早める促成栽
培がさかん。アは福岡県，イは佐
賀県，ウは大分県など。

(2) エは児島・坂出ルート。尾道・今
治ルートのほかに，神戸・鳴門ルー
トがある。

(3) 阪神工業地帯は，戦前はせんい工
業で発達したが，戦後は機械工業
のほか鉄鋼業や石油化学工業など
で発達した。

5 (1) ①福井県は全国のメガネフレー
ムの約9割を生産している。②米
の豊作を願って，米俵に見立てた
提灯を長い竿にぶら下げて，町中
を練り歩く。

(2) 周辺の県からの通勤・通学者が多
いことが書かれていれば可。東京
都の中心部には企業や大学，専門
学校などが集中している。

(3) 青森県や長野県などが含まれてい
ることからりんごと判断する。

(4) 📖**参考** かつては農業に適さな
かった土地を改良するなどして，
現在では全国有数の稲作地帯と
なっている。

実力アップ！

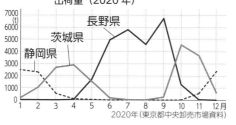

長野県・茨城県・静岡県のレタスの月別
出荷量（2020年）

2020年(東京都中央卸売市場資料)

抑制栽培がさかん
な長野県は，他の
産地の出荷量が少
ない6〜9月の時
期に出荷量が多く
なっている。

要点を確認しよう　p.18〜19

❶ ①メソポタミア　②象形　③シルクロード
❷ ④打製　⑤たて穴　⑥邪馬台国　⑦大和政権
❸ ⑧冠位十二階　⑨中大兄皇子　⑩壬申の乱

問題を解こう　p.20〜21

1 (1)今から約700万年前に猿人（えんじん）が，約200万年前に原人が，約20万年前に新人（ホモ・サピエンス）が現れた。

(2) ⚠注意 イはインダス文明。ウは中国文明，エはメソポタミア文明。ナイル川流域に栄えたエジプト文明では象形（しょうけい）文字が発明された。

(3)秦の始皇帝（しんしこうてい）は万里の長城（ばんり ちょうじょう）を修築したほか，長さ・容積・重さの基準や文字などを統一した。

2 (2)資料は銅鐸（どうたく）とよばれる青銅器の一種。弥生（やよい）時代には大陸から稲作（いなさく）とともに青銅器や鉄器も日本に伝えられたが，鉄器は主に武器や工具として用いられた。

(3)Xについては，中国の歴史書である「三国志」（さんごくし）魏書（ぎしょ）（魏志倭人伝（ぎしわじんでん））に記されている。Yは古墳時代の様子。

3 (1)聖徳太子（しょうとくたいし）（厩戸皇子（うまやどの））はそのほか，冠位十二階（かんいじゅうにかい）の制定や遣隋使（けんずいし）の派遣（はけん）などを行った。

(2)701年に大宝律令が制定されたことにより，日本は律令国家となった。エは645年，イは663年，アは672年，ウは673年のできごと。

---

1 次のA〜Cの文を読んで，あとの各問いに答えなさい。　　5点×3（15点）

> A　今から200万年ほど前に出現した　□□□　は，火や言葉を使うようになった。
> B　紀元前3000年ごろに①エジプト文明が栄えた。
> C　紀元前3世紀に②秦の始皇帝が中国を統一した。

(1) Aの文中の□□□にあてはまる人類の名称を答えなさい。（　原人　）

(2) Bの文中の下線部①について述べた文を，次から1つ選びなさい。（　ア　）
　ア 太陽暦（たいようれき）が発明された。　　イ モヘンジョ・ダロが発掘（はっくつ）された。
　ウ 甲骨文字（こうこつ）が発明された。　　エ ユーフラテス川流域に栄えた。

(3) Cの文中の下線部②の始皇帝が万里の長城を修築した目的を，次から1つ選びなさい。
　ア 西方との交易路にするため。　　イ 農地に農業用水を引くため。（　エ　）
　ウ 国内の農民の反乱（はんらん）を抑（おさ）えるため。　エ 北方の異民族（いみんぞく）の侵入（しんにゅう）を防ぐため

2 次の各問いに答えなさい。　(3)は完答，5点×3（15点）

(1) 縄文時代の人々が沿岸部に捨てた食べ物の残りかすなどが積み重なってできた遺跡を何といいますか。（　貝塚　）

(2) 右の資料は，弥生時代の人々が用いていた青銅器の一種を示している。資料の青銅器は主にどのようにして用いられたか，次から1つ選びなさい。（　イ　）
　ア 舟をつくる工具　　イ 祭りの宝物（ほうもつ）
　ウ 食べ物の調理　　エ 狩りの道具

(3) 弥生時代の様子について述べた次のX・Yの文のうち，正しいものには〇，誤っているものには×をそれぞれ答えなさい。　X（ 〇 ）　Y（ × ）
　X 卑弥呼（ひみこ）が中国の皇帝（こうてい）から「親魏倭王（しんぎわおう）」の称号（しょうごう）を授けられた。
　Y 王や有力な豪族（ごうぞく）の墓の周りなどに埴輪（はにわ）が置かれた。

3 次の各問いに答えなさい。　(2)は完答，6点，他5点×1（11点）

(1) 聖徳太子が役人の心構えを示すために制定した右の資料を何といいますか。（ 十七条の憲法 ）

> 一に曰（いわ）く，和をもって貴（とうと）しとなし，さからうことなきを宗（むね）とせよ。

(2) 大宝律令が制定されるまでに起こった次のア〜エのできごとを，年代の古い順に左から並べなさい。
（ エ → イ → ア → ウ ）
　ア 壬申の乱（じんしん）が起こる。　　イ 白村江（はくすきのえ）の戦いが起こる。
　ウ 天武天皇（てんむ）が即位する。　　エ 大化の改新が始まる。

ポイント

聖徳太子の政策
〈政治〉　十七条の憲法…豪族に役人としての心構えを示す。
　　　　　冠位十二階の制度…才能ある人物を役人に採用。
〈外交〉　遣隋使の派遣…中国の進んだ政治や文化を学ぶため，小野妹子らを隋に派遣。
〈文化〉　法隆寺の建立…飛鳥文化が栄える。

③ ⑪墾田永年私財法 ⑫聖武 ⑬租
④ ⑭真言 ⑮遣唐使 ⑯摂関政治 ⑰院政 ⑱平清盛
⑤ ⑲守護 ⑳奉公 ㉑承久 ㉒御成敗式目 ㉓浄土真

---

4 右の年表を見て，次の各問いに答えなさい。

(2)・(5)は各7点，5点×3 (29点)

年	主なできごと
701	大宝律令が制定される……………A
724	聖武天皇が即位する………………B
1016	藤原道長が □C□ となる
1192	源 頼朝が征夷大将軍に任命される…D
1221	承久の乱が起こる………………E

(1) 年表中の**A**について，律令制の下で戸籍に登録された6歳以上の人々に性別や身分に応じて与えられた土地を何といいますか。

（ 口分田 ）

(2) 年表中の**B**が都に東大寺を，国ごとに国分寺・国分尼寺を建てさせた目的を，「国家」の語句を用いて簡単に答えなさい。

（(例) 仏教の力で国家を守るため。）

(3) 年表中の □C□ にあてはまる，天皇が幼少や女性のときに天皇の代わりに政治を行う役職名を答えなさい。 （ 摂政 ）

(4) 年表中の**D**について，鎌倉時代に将軍に忠誠をちかって家来となり，御恩と奉公の関係で結ばれていた武士を何といいますか。漢字3字で答えなさい。（ 御家人 ）

(5) 年表中の**E**の戦乱後，幕府が京都に六波羅探題を置いた目的を，「朝廷」の語句を用いて簡単に答えなさい。 （ (例) 朝廷を監視するため。 ）

5 次の各問いに答えなさい。

6点×5 (30点)

(1) 春秋・戦国時代に孔子が説いた教えを何といいますか。 （ 儒教〔儒学〕 ）

(2) 6世紀に日本に正式に仏教を伝えた百済の位置を，5世紀ごろの朝鮮半島を示した地図中の**ア〜エ**から1つ選びなさい。 （ イ ）

(3) 奈良時代に栄えた天平文化の特徴について述べた文を，次から1つ選びなさい。 （ ア ）

　ア 国際色の強い文化　イ 武士の性格を反映した力強い文化
　ウ 日本の風土に合った文化

(4) 右の資料は，11世紀半ばに日本各地に広まったある□□信仰（□□の教え）と関係の深い阿弥陀如来像が安置されている建築物を示している。□□にあてはまる語句を答えなさい。 （ 浄土 ）

(5) 鎌倉時代に広まった新しい仏教のうち，栄西や道元が説いた，座禅によって自分で悟りを開こうとする仏教の宗派を何といいますか。

（ 禅宗 ）

実力アップ！

藤原氏は，自分の娘を天皇のきさきとし，その間に生まれた子を天皇に立てた。藤原氏は天皇の母方の親戚となり政治の実権をにぎった。

藤原氏の系図

＊数字は即位順，**太字**は藤原氏の娘

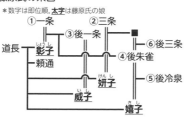

①一条
②三条
③後一条
④後朱雀
⑤後冷泉
⑥後三条
道長
頼通
彰子
妍子
威子
嬉子

---

4 (1) 戸籍に登録された6歳以上の人々に口分田を与え，死後に国に返すしくみを班田収授法という。

(2) 仏教の力で国家を守る（安定させる）ためであることが書かれていれば可。

(3) 天皇が成人した後，天皇を補佐する役職は関白である。藤原氏が摂政や関白に就いて実権をにぎった政治を摂関政治という。

(4) 将軍が武士に領地の保証や新しい領地を与えることを御恩，将軍から御恩を受けた武士は御家人とよばれて，将軍のために御家人が働くことを奉公という。

(5) 朝廷を監視することに加えて，西国の武士を統制するためであることが書かれていても可。承久の乱後，幕府は朝廷側の武士の領地を取り上げ，その場所に東日本の武士を地頭として任命し，西日本に勢力を広げた。

5 (2) アは高句麗，ウは新羅，エは伽耶（加羅）地域（任那）の位置。

(3) イは鎌倉文化，ウは国風文化の特徴。

(4) 資料は藤原頼通によって建てられた平等院鳳凰堂を示している。

(5) **参考** 鎌倉時代には，禅宗のほかに，法然の浄土宗，親鸞の浄土真宗，日蓮の日蓮宗，一遍の時宗などが広まった。

中世〜近世（鎌倉時代②〜江戸時代①）

要点 を確認しよう　p.22〜23

1. ①元寇　②後醍醐
2. ③建武の新政　④日明　⑤応仁の乱　⑥下剋上　⑦座　⑧土一揆
3. ⑨宗教改革　⑩キリスト

問題 を解こう　p.24〜25

1
(1)フビライ・ハンはモンゴル帝国の5代皇帝で，都を大都に移し，国号を元と定めた。

(2)幕府は借金の帳消しを認める（永仁の）徳政令を出したがあまり効果はなく，かえって経済を混乱させた。

(3)後醍醐天皇は現在の奈良県の吉野にのがれ，正統な天皇であると主張した（南朝）。これにより，2つの朝廷の勢力が存在する南北朝時代が約60年続いた。

(4)Xは近江国。現在の奈良市柳生町の正長の土一揆の成果を記した碑文には，「正長元年以前の借金は帳消しにする」と刻まれている。

(5)アは主な輸出品。イは南蛮貿易の日本の主な輸出品，エは南蛮貿易の日本の主な輸入品。

2
(1)イはアフリカの南端をまわってインドに到達した人物，ウは西インド諸島に到達した人物，エはドイツで宗教改革を始めた人物。

(2)⚠注意 Xには鉄砲隊が描かれていることに着目する。

(3)農民（百姓）を耕作に専念させることが書かれていれば可。

3
(1)アは関ヶ原の戦い以前から徳川氏に従った大名，イは関ヶ原の戦いのころから従うようになった大名，ウは室町時代の一国を支配していた守護。エは徳川家の一族。

---

1 次の各問いに答えなさい。　6点×5（30点）

(1) 元寇について述べた右の文中の　　　にあてはまる人物名を答えなさい。　　（ フビライ・ハン ）

> 元の皇帝の　　　が日本に服属を求めたが，執権北条時宗はこれを拒否したため，元軍は高麗の軍勢とともに九州北部に襲来した。元軍は集団戦法で幕府軍を苦しめた。

(2) 生活が苦しくなった御家人を救うため，1297年に幕府が出した法令を何といいますか。
　　（ （永仁の）徳政令 ）

(3) 公家重視の政策を行ったため武士の反感をかい，京都を追われた後醍醐天皇がのがれた場所を，地図中のア〜エから1つ選びなさい。　　（ エ ）

(4) 地図中のXの国で馬借らが土倉や酒屋を襲って幕府に借金の帳消しを要求した一揆を何といいますか。
　　（ 正長の土一揆 ）

(5) 日明（勘合）貿易の日本の主な輸入品を，次から1つ選びなさい。　　（ ウ ）

　ア 銅　イ 銀　ウ 銅銭　エ ガラス製品

2 次の各問いに答えなさい。　(3)は7点，他5点×2（17点）

(1) 16世紀前半に世界一周を達成した船隊を率いていた人物を，次から1つ選びなさい。
　ア マゼラン　イ バスコ・ダ・ガマ　ウ コロンブス　エ ルター　（ ア ）

(2) 長篠の戦いの様子を描いた右の資料中のX・Yのうち，織田・徳川連合軍はどちら側か，記号で答えなさい。
　　（ X ）

(3) 豊臣秀吉が刀狩を行った目的を，「耕作」の語句を用いて簡単に答えなさい。
　（ （例）一揆を防ぎ，農民を耕作に専念させるため。 ）

3 次の各問いに答えなさい。　(2)は完答，7点，他4点×2（15点）

(1) 右の資料は，17世紀半ばの主な大名の配置を示している。資料中のX・Zにあてはまる大名を，次から1つずつ選びなさい。

X	70万石以上
Y	50〜69万石
Z	30〜49万石
	10〜29万石（10万石以上の大名のみ）

　ア 譜代大名　イ 外様大名
　ウ 守護大名　エ 親藩

　　X（ エ ）Z（ イ ）

実力アップ！

豊臣秀吉は宣教師の国外追放を命じたが南蛮貿易はすすめられたため，キリスト教の信者は増えていった。

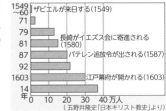

キリスト教の信者の推移

年	
1549〜60	ザビエルが来日する（1549）
71	
79	長崎がイエズス会に寄進される（1580）
81	
87	バテレン追放令が出される（1587）
92	
1603	江戸幕府が開かれる（1603）
14	

0　10　20　30　40万人
（五野井隆史『日本キリスト教史』より）

④ ⑪楽市・楽座 ⑫太閤検地 ⑬千利休 ⑭姫路城

⑤ ⑮参勤交代 ⑯島原・天草 ⑰蔵屋敷 ⑱化政 ⑲国 ⑳享保の改革 ㉑田沼意次 ㉒天保の改革

(2) 江戸幕府の成立から鎖国が完成するまでに起こった次の**ア～エ**のできごとを，年代の古い順に左から並べなさい。　（ウ → イ → エ → ア）

ア 平戸のオランダ商館が長崎の出島に移される。　　イ 朱印船貿易が停止される。

ウ 徳川家康が征夷大将軍に任命される。　　エ 島原・天草一揆が起こる。

4 次のA～Dのカードを見て，あとの各問いに答えなさい。　(1)は完答，8点，他5点×2 (18点)

| A 享保の改革 | → | B 田沼意次の政治 | → | C 寛政の改革 | → | D 天保の改革 |

(1) A～Dのカードのときに行われた政策を，次からそれぞれ選びなさい。

A（ エ ）B（ イ ）C（ ウ ）D（ ア ）

ア 江戸・大阪周辺の大名領を幕領にしようとした。

イ 株仲間の結成を奨励して特権を与える代わりに営業税を取った。

ウ 幕府の学校で朱子学以外の学問を禁止した。

エ 上げ米の制を定めた。

(2) A～Dの政治が行われた時期に都市部で貧しい人々が米を買い占めた商人を襲った暴動を何といいますか。　　（ 打ちこわし ）

(3) CのカードとDのカードの間の時期には欧米の船が日本近海に現れ，通商を求めるようになった。このような動きへの幕府の対応を，次から1つ選びなさい。　　（ エ ）

ア 交通の要地に関所を設置した。　　イ 下田の港を開港した。

ウ 五人組の制度をつくった。　　エ 異国船打払令を出した。

5 次の各問いに答えなさい。　5点×4 (20点)

(1) 14世紀にイタリアで始まった，古代ギリシャ・ローマの文化を学び直し，人間らしい姿を重んじて学問や芸術が発達した動きを何といいますか。　（ ルネサンス ）〔文芸復興〕

(2) 桃山文化が栄えた時期に千利休が大成したものを，次から1つ選びなさい。　　（ ウ ）

ア 水墨画　イ 狂言　ウ わび茶　エ 俳諧（俳句）

(3) 元禄文化が栄えたころに，菱川師宣が「見返り美人図」などを描いて有名になった絵画を何といいますか。　　（ 浮世絵 ）

(4) 右の資料は，ある学問が発達するきっかけとなった書物の扉絵を示している。この学問を何といいますか。　　（ 蘭学 ）

（2）アは1641年，イは1635年，ウは1603年，エは1637年。

4 （1）A上げ米の制は大名の参勤交代での江戸滞在の期間を短縮する代わりに，幕府に米を納めさせた制度。

（2）同じころ，農村では年貢の軽減や不正な代官の交代などを求める百姓一揆が起こった。

（3）異国船打払令は1825年に出された，日本に近づく外国船への砲撃を認めた法令。ウの五人組は，百姓に対して年貢の納入や犯罪の防止に連帯責任を負わせた制度。

5 （1）ルネサンス（文芸復興）期には，ダビデ像をつくったミケランジェロや「モナ・リザ」を描いたレオナルド・ダ・ビンチなどが活躍した。

（2）アは室町時代に雪舟が大成した墨一色で描く絵画の技法，イは能の合間に演じられたこっけいな演劇，エは江戸時代に松尾芭蕉が芸術にまで高めた文芸。

（3）浮世絵では町人の風俗や役者などが描かれた。18世紀の後半になると，鈴木春信が多色刷りの錦絵という様式を生み出した。

（4）資料は，杉田玄白や前野良沢らがオランダ語の医学書を翻訳して出版した「解体新書」の扉絵。

実力アップ！

江戸時代中期になると，幕府や藩は年貢による収入を増やすため，干潟や沼地を干拓して新田開発を進めた。また，農具の改良が行われたことで農業生産性が飛躍的に向上した。

耕地面積（上）と米の生産量の推移

	100	200	300万町歩
1450年ごろ	94.6	＊1町歩＝約9917㎡	
1600年ごろ	163.5		
1720年ごろ			297.0

（北島正元編「土地制度史Ⅱ」ほかより）

太閤検地が行われたころ	1000	2000	3000万石
1593年	1851		
1697年 5代将軍綱吉のころ		2588	
1834年 江戸時代後半			3056

（「大日本租税志」ほかより）

近世～近代（江戸時代②～明治時代）

要点を確認しよう　p.26～27

① ①名誉　②人権宣言　③産業革命　④資本主義　⑤リンカン　⑥南京条約
② ⑦日米和親　⑧関税自主権　⑨大政奉還

問題を解こう　p.28～29

1 (1)「権利（の）章典」の制定により，イギリスの立憲君主制と議会政治の基礎が確立された。

(2)絵の中で上にいる第一身分（聖職者・僧）と第二身分（貴族）は免税の特権をもち，下にいる第三身分（平民）が税を負担していた。

(3)資本主義で貧富の差が拡大したため，この問題を解決しようとして，社会主義の考えが生まれた。

(4)インドからのアヘンの密輸を清が厳しく取りしまると，イギリスは軍艦を派遣してアヘン戦争を起こした。

2 (1)①イは 1854 年に結ばれた日米和親条約で開港した港の1つ。日米修好通商条約では，ア・ウ・エのほかに，函館，神奈川（横浜）が開港された。

②生糸がさかんに輸出されたことから国内で品不足になった。イは主な輸入品の一つ。

(2)**参考** 長州藩は4か国艦隊による下関砲台の占領で，薩摩藩は薩英戦争の敗北で攘夷の困難さを悟り，幕府を倒して天皇中心の政権をつくろうと考えた。そして1866 年に薩長同盟を結んだ。

(3)戊辰戦争は鳥羽・伏見の戦いに始まり，翌年の五稜郭の戦いで旧幕府軍が新政府軍に降伏し終結した。

---

1 次の各問いに答えなさい。　5点×5（25点）

(1) 1689 年にイギリス議会が制定した，国王の権限を制限することなどを認めさせた法律を何といいますか。
（ 権利（の）章典 ）

(2) 右の資料は，フランス革命前の社会のしくみの風刺画である。資料中のXにあてはまるものを，次から1つ選びなさい。
ア 兵役　イ 税　ウ 人権　（ イ ）

(3) 産業革命の進展により，生産の元手をもつ者が労働者を雇って利益を上げることを目的に生産活動を行う□□□□というしくみが生まれた。□□□□にあてはまる語句を漢字4字で答えなさい。
（ 資本主義 ）

(4) 19 世紀にイギリス，インド，中国（清）の間で行われた三角貿易で，イギリスからインドへの輸出品（Y）と，インドから清への輸出品（Z）を，次からそれぞれ選びなさい。
ア 綿織物　イ 銀　ウ 茶　エ アヘン　Y（ ア ）Z（ エ ）

2 次の各問いに答えなさい。　4点×6（24点）

(1) 日米修好通商条約について，次の問いに答えなさい。
① この条約で開港した港として誤っているものを，次から1つ選びなさい。　（ イ ）
ア 兵庫（神戸）　イ 下田　ウ 新潟　エ 長崎

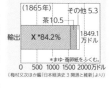

② 右のグラフは，このころの日本の輸出総額とその輸出品目別の割合を示している。グラフ中のXにあてはまる品目を，次から1つ選びなさい。　（ ア ）
ア 生糸　イ 毛織物　ウ 銅　エ 銀

(2) 1866 年に倒幕を目指して坂本龍馬らが仲立ちとなって同盟を結んだ藩を，次から2つ選びなさい。　（ イ ）（ ウ ）
ア 土佐藩　イ 薩摩藩　ウ 長州藩　エ 肥前藩

(3) 次の文中の A ， B にあてはまる語をそれぞれ答えなさい。

1867 年に徳川慶喜は，新政権においても主導権を維持しようと朝廷に政権の返上を申し出た。この動きに対して公家の岩倉具視らは朝廷に A を出させ，天皇中心の新政府の樹立を宣言するとともに，慶喜に官職や領地の返上を命じた。これを不満とした旧幕府軍と新政府軍の間で1868 年に B 戦争が始まった。

A（ 王政復古の大号令 ）B（ 戊辰 戦争）

ポイント

幕末に結んだ不平等条約で日本が外国に認めた権利（領事裁判権）と，日本になかった権利（関税自主権）

・領事裁判権（治外法権）…罪を犯した外国人を，その国の領事が自国の法律で裁判する権利。→ 1894 年に陸奥宗光が撤廃

・関税自主権…輸入品にかける関税率を自国で決める権利。→ 1911 年に小村寿太郎が完全に回復

③ ⑩廃藩置県　⑪地租改正　⑫自由民権　⑬立憲改進党　⑭伊藤博文　⑮大日本帝国　⑯樺太・千島交換
　⑰下関　⑱三国干渉　⑲ポーツマス　⑳八幡製鉄所　㉑財閥

---

③ 右の年表を見て，次の各問いに答えなさい。

(3)①は6点，他4点×5 (26点)

(1) 年表中の **A** にあてはまる，大名が治めていた土地と人民を朝廷に返させた政策を何といいますか。　（ **版籍奉還** ）

(2) 年表中のBについて，明治新政府は富岡製糸場を建設するなどして，近代産業の育成に努めた。この政策を何といいますか。
　（ **殖産興業** ）

年	主なできごと
1869	**A** が行われる
1872	富岡製糸場が建設される……B
1873	地租改正が行われる……C
1877	士族の反乱が起こる……D
	↕ E
1890	第一回帝国議会が開かれる

(3) 年表中のCについて，次の問いに答えなさい。

① 地租改正で行われたことを，「所有者」「地価」の語句を用いて簡単に答えなさい。
（ （例）土地所有者に地価の3％にあたる税を現金で納めさせた。 ）

② このころ見られた社会の変化として誤っているものを，次から1つ選びなさい。
　ア　太陽暦が採用された。　　　　　イ　八幡製鉄所が操業を開始した。
　ウ　れんが造りの建物が建てられた。　エ　洋服や帽子が着用された。　（ **イ** ）

(4) 年表中のDについて，この年に西郷隆盛が鹿児島の士族らを率いて起こした，最も大規模な士族の反乱を何といいますか。　（ **西南戦争** ）

(5) 年表中のEの時期に板垣退助が行ったことを，次から1つ選びなさい。　（ **ア** ）
　ア　自由党を結成した。　　　　　　イ　立憲改進党を結成した。
　ウ　初代内閣総理大臣に就任した。　エ　学制を制定した。

---

④ 次の各問いに答えなさい。

5点×5 (25点)

(1) 下関条約の内容として正しいものを，次から1つ選びなさい。　（ **ウ** ）
　ア　韓国における日本の優越権を認める。　イ　旅順・大連の租借権を日本にゆずる。
　ウ　遼東半島を日本にゆずる。　　　　　　エ　樺太南部を日本にゆずる。

(2) ロシアの南下に対抗するため，1902年に日本がヨーロッパのある国と結んだ同盟を何といいますか。
　（ **日英同盟** ）

(3) 日露戦争の講和条約はどこの国の仲介で結ばれたか。次から1つ選びなさい。
　ア　イギリス　イ　アメリカ　ウ　ドイツ　エ　オランダ　（ **イ** ）

(4) ①『吾輩は猫である』を著した人物，②黄熱病の研究をした人物を，次からそれぞれ選びなさい。
　　①（ **エ** ）　②（ **ウ** ）
　ア　北里柴三郎　イ　福沢諭吉　ウ　野口英世　エ　夏目漱石

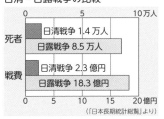
実力アップ！

日露戦争は，日清戦争より戦死者・戦費が多く国民の負担が大きかったにもかかわらず，ポーツマス条約でロシアから賠償金を得ることができなかったため，日比谷焼き打ち事件が起こった。

日清・日露戦争の比較

死者
　日清戦争 1.4 万人
　日露戦争 8.5 万人

戦費
　日清戦争 2.3 億円
　日露戦争 18.3 億円

（「日本長期統計総覧」より）

---

③
(1)版籍奉還のあとも藩の政治は元藩主が行ったことから，改革の効果はあまりなかった。

(2)殖産興業の政策により，富岡製糸場などの官営模範工場が建設された。

(3)①土地の所有者に地価3％の税を現金で納めさせたことが書かれていれば可。年貢ではなく現金で税を納めさせたことで，財政は安定した。
②イの八幡製鉄所は日清戦争の賠償金を使って建設された。操業が開始されたのは1901年である。

(4)西南戦争後，政府への批判は言論が中心となった。

(5)イは大隈重信が行ったこと。ウの初代内閣総理大臣は伊藤博文。

④
(1)下関条約ではそのほかに，清が朝鮮の独立を認めること，賠償金2億両を日本に支払うことなどが決められた。ア・イ・エはポーツマス条約の内容。

(2)ロシアの南下に対し，イギリスは清での権益を，日本は韓国での優位をそれぞれ守ろうとして，日英同盟が結ばれた。

(3)アメリカの仲介でポーツマス条約が結ばれた。

(4)アは破傷風の血清療法を発見した人物，イは「学問のすゝめ」を著した人物。

要点 を確認しよう　p.30〜31

① ①三国協商　②二十一か条　③ロシア　④ベルサイユ　⑤原敬　⑥治安維持法　⑦平塚らいてう

② ⑧ニューディール　⑨ファシズム

問題 を解こう　p.32〜33

1 (1)①イギリス・フランス・ロシアは三国協商で三国同盟に対抗した。
②ベルサイユ条約でドイツはすべての植民地を失い，巨額の賠償金（ばいしょうきん）を支払うことになった。

(2)ウは1932年に起こった，海軍青年将校らが犬養毅（いぬかいつよし）首相を暗殺した事件。エは明治時代に起こった，国会の開設を求める運動。

(3)ほとんどの大臣が立憲政友会の党員であったことが書かれていれば可。衆議院第一党とは，衆議院で最も議席を多く獲得した政党という意味。

(4)普通選挙法が制定されたことで，有権者の数は約4倍に増加した。

2 (1)①ブロック経済に対して，植民地の少ない日本やドイツ，イタリアは不満をもつようになり，新たな領土の獲得へ動いた。
②社会主義国のソ連は「五か年計画」という計画経済をとっていたため，世界恐慌（きょうこう）の影響（えいきょう）をほとんど受けなかった。

(2)アはイタリアでファシスト党を率いて政権をにぎった人物，イは国際連盟を提唱したアメリカ大統領，エはニューディール（新規まき直し）を行ったアメリカ大統領。

---

1 次の各問いに答えなさい。　(3)5点，他4点×5 (25点)

(1) 第一次世界大戦について，次の問いに答えなさい。

① 第一次世界大戦の連合国であるイギリス・フランス・ロシアによる，1907年に成立した協力関係を何といいますか。　（　三国協商　）

② 第一次世界大戦の講和条約を何といいますか。　（　ベルサイユ条約　）

(2) 大正時代に見られた社会運動ではないものを，次から2つ選びなさい。　（　ウ　）（　エ　）

　ア　平塚（ひらつか）らいてうらが新婦人協会を結成した。　イ　全国水平社が結成された。
　ウ　五・一五事件が起こった。　エ　自由民権運動（じゆうみんけん）が起こった。

(3) 原敬内閣が本格的な政党内閣とよばれた理由を，簡単に答えなさい。

（（例）ほとんどの大臣が衆議院第一党の立憲政友会の党員だったから。　）

(4) 1925年に普通選挙法が制定されたことにより，どのような人々に選挙権が認められたか。次から1つ選びなさい。　（　ウ　）

　ア　満20歳以上の男子　イ　満20歳以上の男女
　ウ　満25歳以上の男子　エ　満25歳以上の男女

2 次の各問いに答えなさい。　5点×5 (25点)

(1) 1929年に起こった世界恐慌（きょうこう）について，次の問いに答えなさい。

① 世界恐慌に対してイギリスなどが行った，本国と植民地の貿易を拡大する一方，ほかの国からの輸入品に高い関税をかけた政策を何といいますか。（　ブロック経済　）

② 右のグラフのA〜Dは，日本，アメリカ，イギリス，ソ連の鉱工業生産指数の推移を示している。ソ連にあてはまるものを，A〜Dから1つ選びなさい。　（　A　）

(2) 1933年にドイツでナチス（ナチ党）が政権を獲得（かくとく）したときの首相を，次から1つ選びなさい。　（　ウ　）

　ア　ムッソリーニ　イ　ウィルソン
　ウ　ヒトラー　エ　ローズベルト

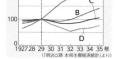
*年平均。1929年を100とした指数。
300 / 200 / 100
A B C D
1927 28 29 30 31 32 33 34 35年
（「明治以降 本邦主要経済統計」より）

(3) 1936年に陸軍青年将校が大臣らを殺傷し，東京の中心部を占拠（せんきょ）したできごとを何といいますか。　（　二・二六事件　）

(4) 日中戦争の長期化によって戦時体制を強化した日本は，議会の承認なしに政府が国民や物資を戦争に動員できる　　　　を定めた。　　　　にあてはまる法律を何といいますか。　（　国家総動員法　）

実力アップ！

第一次世界大戦に必要とされた鉄鋼や船舶の生産が増えたことにより，輸出額が輸入額を上回った。この好景気を大戦景気という。

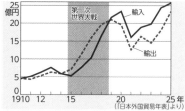
第一次世界大戦中の日本の貿易額の変化
25 / 億円 / 20 / 15 / 10 / 5
第一次世界大戦
輸入
輸出
1910 12 15 20 25年
（「日本外国貿易年表」より）

② ⑩満州事変　⑪五・一五　⑫国家総動員　⑬日独伊三国　⑭太平洋戦争　⑮ポツダム宣言
③ ⑯冷たい戦争　⑰朝鮮戦争　⑱サンフランシスコ　⑲石油危機　⑳日中共同声明　㉑平和維持活動

---

③ 次のA〜Dを見て，あとの各問いに答えなさい。　　　　　5点×5 (25点)

| A 第二次世界大戦が始まる | → | B 太平洋戦争が始まる | → | C 日本の戦況が不利になる | → | D ポツダム宣言が発表される |

(1) **A**について，第二次世界大戦中に日本が軍事同盟を結んだ国を，次から2つ選びなさい。
　ア ドイツ　**イ** イギリス　**ウ** イタリア　**エ** アメリカ　（ **ア** ）（ **ウ** ）

(2) **B**と**C**について，次の問いに答えなさい。
① 太平洋戦争が起こった年に，日本は_____条約を結び，フランス領インドシナ南部へ進軍した。_____にあてはまる条約名を答えなさい。　　（ **日ソ中立** 条約）
② 太平洋戦争が長期化したことで，それまで徴兵されなかった文科系の大学生などが軍隊に召集されたことを何といいますか。　　（ **学徒出陣** ）

(3) **D**について，ポツダム宣言が発表されたのち，アメリカ軍が原子爆弾（原爆）を投下した都市は広島とどこか，答えなさい。　　（ **長崎** ）

④ 右の年表を見て，次の各問いに答えなさい。

（1は5点，他4点×5 (25点)

(1) 年表中の**A**について，民主化政策の一つである農地改革はどのような政策か。次のグラフを参考にして，簡単に答えなさい。

年	主なできごと
1945	日本の民主化政策が始まる……… A
1951	**B** 条約が結ばれる
1956	日本が国際連合に加盟する……… C
1973	石油危機が起こる	↕ D
1989	ベルリンの壁が崩壊する……… E
2003	**F** 戦争が起こる（〜2011年）

自作・小作の農家の割合

1940年	自作 31.1%	自小作 42.1	小作 26.8
1950年	61.9		32.4

5.1
その他 0.6
「完結昭和国勢総覧」ほかより

（（例）政府が小作人に安く土地を売り渡し，自作農を増やした。）

(2) 年表中の **B** には，サンフランシスコ平和条約と同時にアメリカとの間で結ばれた条約があてはまる。**B** にあてはまる条約を何といいますか。　（ **日米安全保障〔日米安保〕** 条約）

(3) 年表中の**C**を実現させたできごとを，次から1つ選びなさい。　　（ **ア** ）
　ア 日ソ共同宣言　**イ** 日中共同声明　**ウ** 日韓基本条約　**エ** 日中平和友好条約

(4) 年表中の**D**の時期に日本で見られた急速な経済成長を何といいますか。
　　　　　　　　　　　　　　　　　　　　　　　（ **高度経済成長** ）

(5) 年表中の**E**と最も関係の深いできごとを，次から1つ選びなさい。　（ **ウ** ）
　ア 朝鮮戦争　**イ** ベトナム戦争　**ウ** 冷戦の終結　**エ** 主要国首脳会議（サミット）

(6) 年表中の **F** にあてはまる国名を答えなさい。　　（ **イラク** 戦争）

---

③ (1) 1940年に日独伊三国同盟が結ばれた。

(2)① 1941年にソ連と日ソ中立条約を結び北方の安全を確保した日本は，石油などの資源を求めてフランス領インドシナ南部へと進軍した。
②女学生や中学生などが軍需工場で働かされる勤労動員も行われた。

(3) 1945年8月6日に広島に，8月9日に長崎に原子爆弾（原爆）が投下された。

④ (1)政府が小作人に安く土地を売り渡し，自作農が増えたことが書かれていれば可。農地改革によって，農村の民主化が進んだ。

(2) 📖参考 日米安全保障条約（日米安保条約）で，アメリカ軍の日本駐留を認めることとなった。

(3)日本は日ソ共同宣言に調印し，国際連合の常任理事国であるソ連との国交を回復したことで，国際連合への加盟が実現した。
イは日本と中国の国交が正常化した声明，ウは日本と韓国の国交が正常化した条約。

(5) 1989年にベルリンの壁が取り壊され，アメリカとソ連の首脳がマルタ会談で冷戦の終結を宣言した。

ポイント②

主な戦後改革（1946〜1947年）
〈経済〉・これまで日本の経済や産業を独占してきた財閥を解体
　　　　・労働組合法，労働基準法の制定
〈農村〉・農地改革…政府が地主の農地を小作人に安く売り渡す
〈政治〉・日本国憲法の公布・施行
　　　　・選挙法の改正→満20歳以上の男女が選挙権を獲得

要点 を確認しよう　　p.34～35

❶ ①グローバル化　②国際競争　③情報通信技術　④情報リテラシー　⑤少子高齢　⑥科学　⑦伝統
⑧多文化　⑨社会的　⑩効率

問題 を解こう　　p.36～37

1 (1)グローバル化とは，人やもの，お金，情報などが国境を越えてさかんに移動し，世界の一体化が進む動きのこと。

(2)情報社会では情報リテラシーのほかに，情報を正しく活用する考え方である情報モラルも必要。

(3)①②現在の日本は，グラフが示すように子どもの数が減り65歳以上の高齢者の割合が高くなる少子高齢社会となっている。少子高齢社会では，人口の少ない現役世代で多くの高齢者の年金や医療保険の費用をまかなわなければならず，国民1人あたりの負担が重くなる。

2 (1)資料はオーケストラの演奏会を示している。文化の代表的な3つの領域には芸術のほかに，科学と宗教がある。

(2)年中行事は毎年同じ時期に行われる伝統的な行事のこと。端午の節句は男子の健やかな成長を願ってお祝いをする日。アは8月（7月の地域も），イは7月の年中行事。

(3)①解決策に対する観点には効率のほかに，話し合いによる決定にみんなが参加しているかや，機会や結果が不当になっていないかという公正の観点がある。

②家族や学校などの社会集団の中で対立した場合は，解決策を求めて合意を目指すことが大切。

---

1 次の各問いに答えなさい。　　4点×5（20点）

(1) グローバル化の進展により，各国が得意な製品を生産し，そうではない製品は他国から輸入する動きがさかんになっている。このことを何といいますか。（　**国際分業**　）

(2) 大量の情報の中から必要な情報を選び，それを適切に活用する能力を何といいますか。
（　**情報リテラシー**　）

(3) 右のグラフは，2020年の日本の人口ピラミッドを示している。これについて，次の問いに答えなさい。

① グラフのような社会を何といいますか。
（　**少子高齢社会**　）

② ①のような社会では社会保障費の **A** や働き手の **B** などが問題となる。**A**，**B** にあてはまる語句をそれぞれ答えなさい。

A（　**増加〔増大〕**　）　**B**（　**不足〔減少〕**　）

（グラフ：2020年）
100歳　80　60　男　女　40　20　0
8 6 4 2 0 2 4 6 8（%）
（2021/22年版「日本国勢図会」より）

2 次の各問いに答えなさい。　　5点×5（25点）

(1) 右の資料は，文化の代表的な3つの領域のうちの1つの領域と関係の深いものを示している。資料で示した文化の代表的な領域を何といいますか。（　**芸術**　）

(2) 日本で行われている年中行事のうち，5月，11月に行われる行事を，次からそれぞれ選びなさい。

5月（　**ウ**　）　11月（　**エ**　）

ア　お盆（盂蘭盆会）　イ　七夕　ウ　端午の節句　エ　七五三

(3) 次の文章を読んで，あとの問いに答えなさい。

> さまざまな社会集団の中で生活している私たちは，ときに他人との間で意見が対立することがある。このようなときは，互いの意見に耳を傾け**A**解決策を求めて話し合い，**B** を目指すことが大切である。

① 下線部**A**について，この解決策に対する2つの観点のうち，時間やお金，ものなどが無駄なく使われているかという観点を何といいますか。（　**効率**　）

② **B** にあてはまる語句を漢字2字で答えなさい。（　**合意**　）

ポイント

〈少子高齢化とは〉
子どもの数が減り，高齢者の割合が高くなること。

〈日本が少子高齢社会となった背景〉
合計特殊出生率の低下や平均寿命ののびなど。

〈少子高齢社会による影響・課題〉
社会保障費の増大や労働力の不足など。

2 ⑪アメリカ独立宣言　⑫ワイマール憲法

3 ⑬立憲主義　⑭平和主義　⑮国事行為

4 ⑯精神　⑰生存権　⑱公共の福祉　**5** ⑲プライバシー　⑳勤労

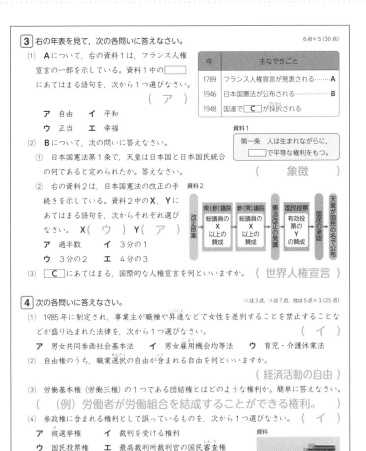

3 右の年表を見て，次の各問いに答えなさい。　6点×5 (30点)

(1) **A**について，右の資料1は，フランス人権宣言の一部を示している。資料1中の□□□□にあてはまる語句を，次から1つ選びなさい。　（　**ア**　）

　ア　自由　イ　平和
　ウ　正当　エ　幸福

年	主なできごと
1789	フランス人権宣言が発表される……**A**
1946	日本国憲法が公布される……**B**
1948	国連で **C** が採択される

資料1

第一条　人は生まれながらに，□□□で平等な権利をもつ。

(2) **B**について，次の問いに答えなさい。

① 日本国憲法第1条で，天皇は日本国と日本国民統合の何であると定められたか。答えなさい。　（　象徴　）

② 右の資料2は，日本国憲法の改正の手続きを示している。資料2中の**X**，**Y**にあてはまる語句を，次からそれぞれ選びなさい。　**X**（　**ウ**　）**Y**（　**ア**　）

　ア　過半数　イ　3分の1
　ウ　3分の2　エ　4分の3

資料2

改正原案 → 衆(参)議院　総議員の**X**以上の賛成 → 参(衆)議院　総議員の**X**以上の賛成 → 憲法改正の発議 → 国民投票　有効投票の**Y**の賛成 → 国民の承認 → 天皇が国民の名で公布

(3) **C** にあてはまる，国際的な人権宣言を何といいますか。　（　世界人権宣言　）

4 次の各問いに答えなさい。　(1)は3点，(3)は7点，他は5点×3 (25点)

(1) 1985年に制定され，事業主が職種や昇進などで女性を差別することを禁止することなどが盛り込まれた法律を，次から1つ選びなさい。　（　**イ**　）

　ア　男女共同参画社会基本法　イ　男女雇用機会均等法　ウ　育児・介護休業法

(2) 自由権のうち，職業選択の自由が含まれる自由を何といいますか。　（　経済活動の自由　）

(3) 労働基本権（労働三権）の1つである団結権とはどのような権利か。簡単に答えなさい。
（　（例）労働者が労働組合を結成することができる権利。　）

(4) 参政権に含まれる権利として誤っているものを，次から1つ選びなさい。　（　**イ**　）

　ア　被選挙権　イ　裁判を受ける権利
　ウ　国民投票権　エ　最高裁判所裁判官の国民審査権

(5) 右の資料と関係の深い新しい人権を，次から1つ選びなさい。　（　**ア**　）

　ア　環境権　イ　知る権利
　ウ　プライバシーの権利　エ　自己決定権

資料

3 (1)フランス革命中に発表されたフランス人権宣言は，人間の自由や平等のほか，国民主権や権力分立などについても定められた。18世紀に人権思想を唱えた思想家には，「社会契約論」を著し，フランス革命に影響を与えたルソーや，著書「法の精神」で三権分立を唱えたモンテスキューがいる。

(2)①大日本帝国憲法で主権者とされた天皇は，日本国憲法では日本国と日本国民統合の象徴とされ，国事行為のみを行うものとされた。②国民投票で有効投票の過半数の賛成が得られると，天皇が国民の名で改正された憲法を公布する。

(3) 1966年には，世界人権宣言に法的な拘束力をもたせた国際人権規約が国連総会で採択された。

4 (1)アは男女が対等な立場で活躍できる社会をつくることを目指して制定された法律，ウは育児や介護をしなければならない労働者が，仕事と家庭の両立ができるようにするために制定された法律。

(3)労働基本権（労働三権）には団結権のほか，団体交渉権，団体行動権がある。

(4)参政権は政治に参加する権利。イは請求権に含まれる。

(5) ⚠注意　日照権は快適な生活環境を求める環境権の1つ。

🔰 **実力アップ！**

労働者は使用者よりも立場が弱いため，日本国憲法では労働者を守るために労働基本権（労働三権）を保障している。
・団結権…労働者が労働組合を結成する権利。
・団体交渉権…労働者が労働組合を通じて，使用者と労働条件について話し合う権利。
・団体行動権…労働者がストライキなどを起こすことができる権利。

要点 を確認しよう　p.38～39

① ①秘密　②小選挙区　③与党　④連立政権
② ⑤二院制　⑥常会　⑦国政調査権
③ ⑧国務大臣　⑨議院内閣制　⑩行政改革

問題 を解こう　p.40～41

1 (1)ウは投票者の氏名を投票用紙に書かない無記名の状態で投票する原則。エは投票者が候補者に直接投票する原則。

(2)衆議院議員総選挙は、比例代表制と、1つの選挙区から1人の代表者を選ぶ小選挙区制をあわせた選挙制度を採用している。

(3)日本では1999年に発足した内閣から、連立政権が続いている。

2 (1)① ☆重要 被選挙権は選挙に立候補する権利のこと。衆議院の被選挙権は25歳以上だが、参議院は30歳以上である。

②イは内閣が必要と認めたときや、どちらかの議院の総議員の4分の1以上の要求があった場合に召集される国会。ウは衆議院の解散による総選挙後の30日以内に召集される国会。エは内閣の方針を決める会議。

③公聴会は委員会の審議の過程で、議案の利害関係者や有識者らから意見を聞く会議。

④衆議院は任期が短く解散があることが書かれていれば可。

(2)①立法と行政の関係には大きく分けて、日本の採用している議院内閣制と、アメリカ合衆国が採用している大統領制がある。

②総辞職とは、内閣総理大臣と国務大臣が全員辞職すること。

---

1 次の各問いに答えなさい。　　　　5点×4(20点)

(1) 日本の選挙の4つの原則のうち、一人一票をもつ原則（**X**）、一定の年齢以上の国民が選挙権をもつ原則（**Y**）を、次からそれぞれ選びなさい。　X（　イ　）Y（　ア　）
　ア 普通選挙　イ 平等選挙　ウ 秘密選挙　エ 直接選挙

(2) 衆議院議員総選挙で採用されている選挙制度のうち、得票数に応じて政党に議席を配分する選挙制度を何といいますか。　　　　（　比例代表制　）

(3) 衆議院議員総選挙で最も多くの議席を獲得した政党だけでは議席の過半数に達しない場合、理念や政策の近い政党とともに内閣を組織することがある。このような内閣を何といいますか。　　　　（　連立政権　）
　　　　　　　　　　　　　　　　　　（連立内閣）

2 次の各問いに答えなさい。　(1)③は完答で7点、(1)④は7点、他は5点×4(34点)

(1) 国会について、次の問いに答えなさい。

　① 2022年現在、衆議院の被選挙権は何歳以上の国民に認められているか、数字で答えなさい。　　　　（　25　歳以上）

　② 毎年1回1月中に召集され、翌年度の予算案の審議などが行われる国会を、次から1つ選びなさい。　　　　（　ア　）
　　ア 常会（通常国会）　イ 臨時会（臨時国会）
　　ウ 特別会（特別国会）　エ 閣議

　③ 右の資料は、法律が成立するまでの流れを示している。資料中の**A～C**にあてはまる語句を、次から選びなさい。
　　A（　ウ　）B（　ア　）C（　イ　）
　　ア 本会議　イ 公聴会　ウ 委員会

　④ 衆議院の優越が認められている理由を、解答欄に合うように簡単に答えなさい。
　　（例）衆議院は参議院より任期が短く解散がある　ため、
　　　　　　　　　より国民の意思を反映していると考えられるから。

(2) 内閣について、次の問いに答えなさい。

　① 日本で採用されている、内閣は国会の信任に基づいて成立し、国会に対して連帯責任を負う制度を何といいますか。　　　　（　議院内閣制　）

　② 内閣不信任の決議が可決された場合、内閣は10日以内に衆議院を解散するか、何をしなければならないか。漢字3字で答えなさい。　　　　（　総辞職　）

ポイント

衆議院が解散されて40日以内に衆議院議員総選挙が行われ、その30日以内に特別会が召集される。

衆議院解散後の流れ

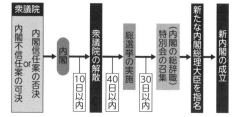

④ ⑪三審制　⑫控訴　⑬被告　⑭裁判員制度

⑤ ⑮行政　⑯裁判所

⑥ ⑰地方自治　⑱地方分権　⑲地方交付税交付金

---

3 次の各問いに答えなさい。

(3)は完答で8点、他は5点×4（28点）

(1) 民事裁判で、自分の権利の侵害を主張し、裁判所に訴えを起こした側を何といいますか。

（　　原告　　）

(2) 右の資料1は、三審制のしくみを示している。これについて、次の問いに答えなさい。

① 資料1中の下線部は、法律などが憲法に違反しているかどうかを最終的に判断する権限を持っていることから、何とよばれているか。（　憲法の番人　）

② 資料1中のA・Bにあてはまる語句をそれぞれ答えなさい。　A（　上告　）　B（　控訴　）

(3) 右の資料2は、日本における三権分立のしくみを示している。資料2中のC・Dにあてはまるはたらきを、次からそれぞれ選びなさい。

C（　ウ　）D（　ア　）

ア　弾劾裁判所の設置

イ　最高裁判所長官の指名

ウ　国会召集の決定

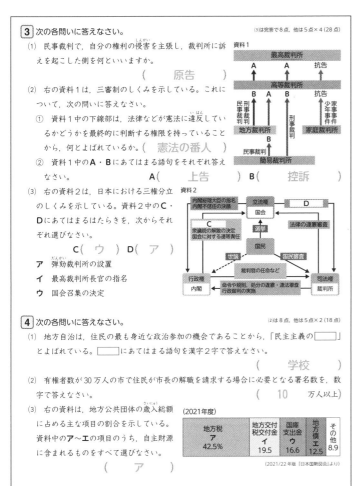

資料1

資料2

4 次の各問いに答えなさい。

(2)は8点、他は5点×2（18点）

(1) 地方自治は、住民の最も身近な政治参加の機会であることから、「民主主義の〔　　〕」とよばれている。〔　　〕にあてはまる語句を漢字2字で答えなさい。

（　　学校　　）

(2) 有権者数が30万人の市で住民が市長の解職を請求する場合に必要となる署名数を、数字で答えなさい。

（　10　万人以上）

(3) 右の資料は、地方公共団体の歳入総額に占める主な項目の割合を示している。資料中のア～エの項目のうち、自主財源に含まれるものをすべて選びなさい。

（　　ア　　）

(2021年度)

地方税 ア 42.5%	地方交付税交付金 イ 19.5	国庫支出金 ウ 16.6	地方債 エ 12.5	その他 8.9

(2021/22年版『日本国勢図会』より)

---

3 (1)民事裁判は個人や企業などの私人間の争いごとの裁判。裁判所に権利の侵害を訴えた側を原告、訴えらえた側を被告という。

(2)①法律などが憲法に違反しているかどうかを判断する権限を違憲立法審査権（違憲審査権）という。

②第一審の判決に不服がある場合に上級の裁判所に訴えることを控訴、第二審の判決に不服がある場合に上級の裁判所に訴えることを上告という。

(3)三権分立とは、国家権力を、立法権、行政権、司法権の3つに分け、それぞれの権力を独立した機関にもたせるしくみのこと。アの弾劾裁判所とは、裁判官を辞めさせるかどうかを決めるために国会に設けられる裁判所のこと。イは、内閣から裁判所へのはたらき。

4 (1) 参考 地方自治とは、住民が自らの意思と責任でその地域の政治を行うこと。

(2)地方公共団体の住民は自らの意思を政治に反映させるための権利として直接請求権が認められている。市長の解職を請求する場合は、その地方公共団体の有権者の3分の1以上の署名が必要（30万人の市の場合）。

(3)イ・ウ・エは依存財源に含まれる。

実力アップ！

人口の多い東京都は地方税の割合が高く、自主財源の割合が高い。一方、島根県は地方税の割合が低く、地方交付税交付金や国庫支出金などに依存している。

東京都と島根県の歳入の内訳

		地方債 1.8
	国庫支出金 4.3	

東京都 7兆8688億円	地方税 69.4%		その他 24.5

			12.3
島根県 4840億円	17.0%	37.4	14.7	18.6

地方交付税交付金

(2018年度)

(2021年版『データでみる県勢』より)

経済のしくみ・国際社会

要点 を確認しよう　p.42～43

❶ ①財　②消費支出　③クーリング・オフ

❷ ④配当　⑤労働基準　⑥ワーク・ライフ・バランス

❸ ⑦均衡価格　⑧独占禁止法　⑨公共料金

問題 を解こう　p.44～45

1 (1)消費支出とは財やサービスの購入費用のこと。ア・ウは義務的に支払う支出。イは貯蓄。貯蓄にはほかに株式や国債の購入，生命保険料の支払なども含まれる。

(3)①私企業（民間企業）には農家や個人商店などの個人企業も含まれる。

②株式会社が発行する株式を購入した個人や企業を株主という。

(4)労働三法には労働組合法のほかに，労働条件の最低基準を定めた労働基準法，労働者と使用者（経営者）との対立の予防や解決方法などを定めた労働関係調整法が含まれる。

2 (1)①★重要　需要量は消費者が買おうとする量で，供給量は企業が売ろうとする量のこと。市場経済のもとでは，商品の価格がその需要量と供給量の関係で決まり，この２つのバランスが取れている価格を均衡価格という。

②商品の価格が200円のとき，供給量は200個で需要量が100個である。

(2)日本銀行には「政府の銀行」のほかに，紙幣を発行する「発券銀行」，一般の銀行に資金を貸し出す「銀行の銀行」の役割がある。

(3)①銀行に国債を売ることが書かれていれば可。不景気のときは，銀行から国債などを買い取り，銀行の資金量を増やす。

---

1 次の各問いに答えなさい。　5点×6（30点）

(1) 消費支出に含まれるものを，次から1つ選びなさい。　（　エ　）

　ア　税金　イ　預金　ウ　社会保険料　エ　食料費

(2) 消費者が欠陥商品で被害を受けた場合，企業がその責任を負うことを定めた法律を何といいますか。　（　製造物責任法〔PL法〕　）

(3) 右の資料は，株式会社のしくみを示している。これについて，次の問いに答えなさい。

　① 株式会社のように，利潤（利益）を目的に生産活動をする企業を何といいますか。　（　私企業〔民間企業〕　）

　② 資料中のA・Bにあてはまる語句をそれぞれ答えなさい。

　A（　株主　）　B（　配当　）

(4) 労働三法のうち，使用者が労働組合の活動を妨げることを禁止した法律を何といいますか。　（　労働組合法　）

2 次の各問いに答えなさい。　(3)①7点，他は5点×4（27点）

(1) 右の資料1は，ある商品の需要量・供給量・価格の関係を示している。これについて，次の問いに答えなさい。

　① 資料1中のXの価格を何といいますか。　（　均衡価格　）

　② ある商品の価格が200円のとき，供給量が需要量を何個上回るか。数字で答えなさい。　（　100　個）

(2) 日本銀行の3つの役割のうち，政府のお金の出し入れを行う役割を何といいますか。　（　政府の銀行　）

(3) 右の資料2は，景気の変動を模式的に示している。これについて，次の問いに答えなさい。

　① 資料2中の好景気のときに，日本銀行が行う金融政策（公開市場操作）では，銀行の資金量を減らすためにどのようなことをするか，「国債」の語句を用いて，簡単に答えなさい。（　（例）銀行に国債を売る。　）

　② 資料2中の不景気のときに起こる，物価が継続的に下落する現象を何といいますか。　（　デフレーション〔デフレ〕　）

資料1

資料2

ポイント

日本は育児と仕事の両立が難しい。結婚や出産する人が多い20代後半～30代にかけて，労働力人口割合が低くなっている。

主な国の女性の年齢別労働力人口の割合

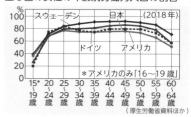

（厚生労働省資料ほか）

③ ⑩発券　⑪インフレーション
④ ⑫歳入　⑬累進課税　⑭社会保険
⑤ ⑮主権　⑯常任理事国　⑰拒否　⑱京都議定書　⑲パリ協定　⑳政府開発援助

---

3 次の各問いに答えなさい。
(4)は完答，(3)は8点，他は5点×3 (23点)

(1) 右の資料は，国の歳出総額に占める主な項目 **資料**
の割合を示している。資料中の**W**にあてはまる
項目を，次から1つ選びなさい。（ **イ** ）

ア　防衛関係費　　　　イ　社会保障関係費
ウ　地方交付税交付金　エ　国債費

文教及び科学振興費 5.1
公共事業関係費 5.7　　　その他

| 歳出総額 107兆円 | W 33.6% | X 22.3 | Y 14.6 | 13.7 |

Z 5.0

(2021年度)　(2021/22年版「日本国勢図会」より)

(2) 税を納める人と税を負担する人が同じ税を何といいますか。（ **直接税** ）

(3) (2)に含まれる所得税などに採用されている累進課税とはどのような制度か。「所得」「税率」の語句を使って，簡単に答えなさい。
（ （例）所得が多くなるほど税率が高くなる制度。 ）

(4) 次の文は，不景気のときに政府が行う財政政策について述べたものである。文中の
A，**B**にあてはまる語句を，あとからそれぞれ選びなさい。
A（ **ウ** ）B（ **イ** ）

> 公共投資や公共事業を **A** し，企業の仕事を増やす。また，**B** をして家計や企業の消費を増やそうとする。

ア　増税　イ　減税　ウ　増や　エ　減ら

---

4 次の各問いに答えなさい。
(2)は完答，5点×4 (20点)

(1) 国際連合（国連）について，次の問いに答えなさい。
① 感染症の対策などを行う世界保健機関の略称をアルファベットで答えなさい。
（ **WHO** ）

② 2015年に国際連合の総会で採択された，2030年までに達成すべき17の国際目標を何
といいますか。
持続可能な開発目標
〔 **SDGs** 〕

(2) 右の地図中の**A〜D**には，APEC，EU，ASEAN，MERCOSURのいずれかがあては
まる。**C・D**にあてはまるものをそれぞれ答
えなさい。
C（ **APEC** ）D（ **MERCOSUR** ）

地図　主な地域主義

(2021年)　（外務省資料より）
■A ■B □C ▨D ■USMCA

(3) 地球温暖化防止のために2015年に採択された，先進国だけでなく途上国にも温室効果
ガスの削減目標の提出を義務づけた協定を何といいますか。（ **パリ協定** ）

---

3 (1)Xには国債費，Yには地方交付税交付金，Zには防衛関係費があてはまる。

(2) 📖参考 直接税に対して，消費税など，税を納める人と税を負担する人が異なる税を間接税という。

(3)所得が多くなるほど税率が高くなることが書かれていれば可。

(4)好景気のときは，公共投資や公共事業を減らして企業の生産を縮小させる。また，増税をして家計や企業の消費を抑えようとする。

4 (1)①専門機関にはWHOのほかに，国連教育科学文化機関（UNESCO），国連食糧農業機関（FAO）などがある。
②持続可能な開発目標（SDGs）の17の目標には，「貧困をなくそう」，「飢餓をゼロに」などがある。

(2) MERCOSURは南米南部共同市場の略称，APECはアジア太平洋経済協力の略称。AにはEU，BにはASEANがあてはまる。

ポイント⑤

資本主義経済では，経済活動が活発な好景気（好況）と，経済活動が停滞する不景気（不況）が交互に繰り返される。

景気の変動

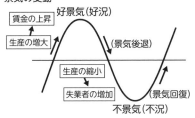

解答				採点基準	正誤(○×)を記入		配点		
1	(1)	ウ	(2)	エ				2	10	22

		解答			採点基準	正誤(○×)を記入		配点	
1	(1)	ウ	(2)	エ				2	10
	(3)	ア	(4)	ASEAN〔東南アジア諸国連合〕					
	(5)	太平洋							
	(6)	(例)広大な農地を，大型機械を使って経営する						4	4
	(7)	イ							
	(8)	③　→　②　→　①　→　④			完答			2	8
	(9)	エ	(10)	F					
2	(1)	イ	(2)	津波				2	4	17
	(3)	(例)重量は軽いが，金額は高い。						4	4
	(4)	エ	(5)	イ				2	4
	(6)	理由(例)フェリーの運行に制限されることなく，短時間で往来できるようになったから。						2	3
		記号　ア						1	
	(7)	カルデラ						2	2
3	(1)	天武　　　　天皇						2	2	20
	(2)	(例)男子には，調や庸，雑徭があり，女子より負担が重かったから。						4	4
	(3)	ア	(4)	ア					
	(5)	イ	(6)	ウ				2	14
	(7)	ウ							
	(8)	① 蘭学	②	イ					
4	(1)	ア						2	2	18
	(2)	① (例)地価を基準にして税をかけ，土地の所有者が現金で税を納める						4	4
		② イ							
	(3)	① ウ　② エ　③ ブロック経済						2	12
	(4)	① 時期　D　　できごと　ア			完答				
		② エ　→　ア　→　イ　→　ウ			完答				
5	(1)	① A イ	B	ア	完答					23
		② イ						2	8
		③ P 検察　官	Q	裁判員	完答				
		④ X ア	Y	ア	完答				
	(2)	① A ア						1	3
		B (例)需要量と供給量が一致する						2	
		② 労働基準法						2	2
		③ (例)国債などを売買することによって通貨の量						4	4
		④ ア　⑤ エ　⑥ イ						2	6

問題	1	2	3	4	5	合計
得点						

※この「解答と解説」は，各都道府県発表の解答例をもとに文理編集部が作成したもので，内容に関する一切の責任は文理編集部にあります。

1 (1)アは水や草を求めて移動しながら家畜を飼育する牧畜，イは穀物の栽培と家畜の飼育を組み合わせた農業，エは乾燥する夏にオリーブやぶどうなどを栽培し，雨の降る冬に小麦を栽培する農業である。

(2)X付近は平原が広がりY付近にアルプス山脈が連なっていることからエと判断する。

(3)熱帯の地域はいも類を主食としている。イは主にヨーロッパ州や中央アジア，西アジアの主食，ウは主にアフリカ州東海岸やメキシコでの主食，エは主にアジア州の南東部での主食である。

(7)夏の降水量が少なくなっているイと判断する。アはパース，ウはパリ。

(8)標準時子午線の経度差が小さい都市の順に時差は小さくなる。

(9)P地点は北緯20度，東経120度。P地点の地球上の正反対にある地点の位置は，P地点と北緯と南緯を入れかえた緯度と，180度からP地点の経度を引き，東経と西経を入れかえた経度の地点となる。

(10)Dはナイジェリア，Eはカナダ，Fはニュージーランド，Gはペルー。

2 (1)色丹島は国後島よりやや東に位置している島。沖ノ鳥島は日本の最南端の島。

(3)航空機による航空輸送は電子部品などの重量が軽くて高価なものや生鮮食品などの輸送に適しており，船舶による海上輸送は自動車や石油，石炭などの重量が重いものの輸送に適している。

(4)過密は人口が集中している状態のことをいう。

(5)うは太平洋側の気候に属することから，夏の降水量が多く温暖なイと判断する。アはえの那覇，ウはいの前橋，エはあの上越にあてはまる。

3 (1)壬申の乱は天智天皇のあとつぎをめぐって天智天皇の弟と子が争った戦乱である。

(2)表2から，17(21)歳から65歳の男子のみに調・庸・雑徭の税が課されていることが読み取れる。これらの税や労役から逃れるために，戸籍の登録の際に性別をいつわった。

(4)アは12世紀前半ごろの様子について述べた文である。イは奈良時代，ウは鎌倉時代，エは室町時代のできごとについて述べた文である。

(5)イ…公家ではなく主に武士の間に広まった。

(6)元寇は1274年（文永の役）と1281年（弘安の役）の二度にわたって元軍が九州北部に攻めてきたことをいう。

(7)ウは刀狩令の内容である。

(8)②アは天保の改革，ウは享保の改革，エは寛政の改革で行われた政策である。

4 (1)イは1840〜1842年，ウは1775〜1783年に起こった戦争，エは1975年に終結した戦争。

(2)①地租改正が行われた明治時代初期には，学制や徴兵令の制定，殖産興業などが行われた。

(3)①第一次世界大戦は1914〜1918年にかけて起こった戦争。アは1933年，イは1910年，ウは1915年，エは1940年のできごと。

②満州事変は1931年に関東軍（日本軍）が奉天郊外の柳条湖で南満州鉄道の線路を爆破したことをきっかけに軍事行動を始め，満州の大部分を占領したことである。また，伊藤博文は初代内閣総理大臣に就任した人物。

(4)①日本で選挙権年齢が20歳以上に引き下げられたのは戦後の1945年。

②エ（1955年）→ア（1965年）→イ（1990年）→ウ（1997年）の順となる。

5 (1)①B…自衛権は他国からの侵略に対して自国を守るために最低限度の実力を行使する権利。

②予算委員会は内閣が作成した予算案を審議する国会の機関。

④X法律は国会のみが制定することができる。また，条例の制定及び改廃の請求には，その地方公共団体の有権者の50分の1以上の署名を集める必要がある。

(2)②労働基準法，労働組合法，労働関係調整法を労働三法という。

⑤アには感染症対策や上下水道の整備など，イには生活保護，ウには障がい者福祉や高齢者福祉などがある。

⑥UNICEFは国連児童基金の略称。アは国連難民高等弁務官事務所，ウは世界保健機関，エは世界貿易機関の略称。

 巻末の「ふりかえりシート」に，きみの得点を記入しよう！

10日間 ふりかえりシート

このテキストで学習したことを，❶〜❸の順番でふりかえろう。

❶各単元の 問題を解こう の得点をグラフにして，苦手な単元は復習しよう。
❷付録の「入試チャレンジテスト」を解いて，得点をグラフにしよう。
❸すべて終わったら，受験までの残りの期間でやることを整理しておこう。

❶ 得点を確認する

	学習日		0点〜50点	51点〜75点	76点〜100点
1日目	/	世界のすがた・日本のすがた			
2日目	/	世界の生活と環境・世界の諸地域			
3日目	/	日本の特色・日本の地方			
4日目	/	人類のはじまり〜中世（鎌倉時代①）			
5日目	/	中世〜近世（鎌倉時代②〜江戸時代①）			
6日目	/	近世〜近代（江戸時代②〜明治時代）			
7日目	/	近代〜現代（大正時代〜）			
8日目	/	現代社会・憲法			
9日目	/	政治のしくみ			
10日目	/	経済のしくみ・国際社会			

0点〜50点 ／ファイト！＼　　51点〜75点 ／もう少し！＼　　76点〜100点 ／合格◎＼

❷ テストの得点を確認する

	0 10 20 30 40 50 60 70 80 90 100
入試チャレンジテスト	

❸ 受験に向けて，課題を整理する

受験までにやること
-
-
-

整理できたかな。

10 9 8 7 6 5 4 3 2　＊＊ D C B